心中有阳光，脚下有力量

——习近平

PSYCHOLOGICAL CONSTRUCTION
AND RESPONSIBILITY OF
CIVIL SERVANTS

公务员
心理建设与责任担当

中共深圳市委党校　编著

社会科学文献出版社
SOCIAL SCIENCES ACADEMIC PRESS (CHINA)

编　委　会

主　编： 齐志清

副主编： 张小梨　陶卫平　谢志岿

编　委： 龚建华　徐晓迪　杨　华　刘书含

金　玲　谢卫红　郝征锋

序

沧海横流方显英雄本色。定力、自信、责任、担当，是新时代公务员新的价值尺度。党的十八大以来，习近平总书记在系列重要讲话中多次强调，责任担当是领导干部必备的基本素质，并从什么是责任担当、为什么要责任担当、怎么做到责任担当等方面，提出许多新思想、新观点和新要求。公务员如何将时代的要求、人民群众的需求，将责任担当内化于心，外化于形、实化于行，做好“民心”这个“最大的政治”

责任担当，体现着我国广大公务员的胸怀、勇气、素养，是中国共产党先进性的具体体现。习近平总书记指出：是否具有担当精神，是否能够忠诚履责、尽心尽责、勇于担责，是检验每一名公务人员身上是否真正体现了共产党人先进性和纯洁性的重要方面。我们党自成立之日起，就是中国工人阶级的先锋队，同时是中国人民和中华民族的先锋队，自觉地担当起争取民族独立和人民解放、实现国家富强和人民幸福的历史使命。中国共产党作为伟大民族精神的坚定传承者，不断赋予责任担当以新的内涵，从井冈山精神、长征精神、延安精神、西柏坡精神，到大庆精神、“两弹一星”精神，再到抗震救灾精神、载人航天精神、改革开放精神等，都生动地体现了民族精神的与时俱进，进一步拓展了责任担当的精神疆域。

回顾我们党100多年来波澜壮阔的发展历程，无论是血雨腥风、战火纷飞的峥嵘岁月，意气风发、激情燃烧的建设时期，还是波澜壮阔、生机勃勃的改革年代，千千万万的中国共产党人始终心怀崇高革命理想，以国家民族利益为重、以人民幸福安康为念，同全体人民一道顽强拼搏、接力奋斗，为诠释不同历史时期的责任担当。

新中国成立后，像邱少云、黄继光、罗盛教、杨根思等舍生忘死保家卫国的英雄壮举，像钱学森、邓稼先、李四光、华罗庚等老一辈科学家冲破阻力报效祖国的赤子情怀，像雷锋、王进喜、焦裕禄、时传祥等先进模范人物艰苦奋斗、无私奉献的高尚品格，都鲜明而集中地体现了共产党人的担当精神。改革开放以来，孔繁森、牛玉儒、杨善洲、沈浩等党员领导干部，为了让人民群众过上好日子，殚精竭虑，忘我工作，是新时期共产党人敢于担当的杰出楷模。

“为官避事平生耻”。公务员无论担任何种职务、无论职务大小，都必须忠于职守、敬业奉献、奋发有为，切实做到担责不误、临难不却、履险不惧、受屈不计，做到守土有责、守土负责、守土尽责。公务员要讲党性、讲政治，坚持正确政治方向，保持高度政治定力，是公务员敢于担当的第一要求，也是公务员安身立命之本。公务员就必须有强烈的进取意识、机遇意识、责任意识，有逢山开路、遇河架桥的精神，有明知山有虎、偏向虎山行的劲头，敢于吃螃蟹、涉险滩、破藩篱，探盲区、辨误区、闯难区；必须有自我革新的勇气和胸怀。加强公务员心理建设与责任担当研究是进一步弘扬共产党人的鲜明政治品格，彰显中国共产党先进性的题中应有之义。

深圳市委党校继出版《领导干部心理能力提升》一书后，坚守党校办学宗旨，关心关注关爱干部心理健康建设，继续坚持实践经验和理论探索有机结合，再次精心编写《公务员心理建设与责任担当》一书。该书源于党校教学实践和公务员内心需求，侧重从公务员心理健康标准、心理素质要求、心理压力具体表现和成因、自我认知、认知重构、人格魅力塑造、积极情绪培养、自身修养锤炼等方面分析问题、提出方法，具有很强的针对性、实用性和操作性，为公务员心理能力培训拓展教学资源，为各级党组织关爱、服务、管理干部队伍提供科学指引。

站在时代的新起点，我们要认真贯彻落实习近平新时代中国特色社会主义思想和新时代党的组织路线，真情关心关爱广大干部，不断加强干部心理能力培训，有效提升干部心理健康素养，切实为粤港澳大湾区和中国特色社会主义先行示范区建设提供坚强组织保证。

目录

CONTENTS

绪　论

随着公务员干部工作压力日益加大，所产生的心理健康问题也日益增多。公务员除了需要具有良好的政治业务素质和工作业务能力外，还应该具备健康的心理素质。公务员的心理健康，既是新时期领导干部全面发展的重要标志，又是公务员履职尽责、取得良好工作成绩的内在品质要求。本绪论主要分为公务员及领导、心理健康的标准、公务员心理素质的要求三部分，主要内容包括：公务员，特别领导干部的担当、心理健康标准以及社会焦虑对公务员心理素质的影响等方面。

第一节　公务员及领导

一　公务员定义

公务员在《公务员法》中规定，是指依法履行公职、纳入国家行政编制、由国家财政负担工资福利的工作人员。公务员是干部队伍的重要组成部分，是社会主义事业的中坚力量，是人民的公仆。习近平总书记在党是二十大报告中强调，全面建设社会主义现代化国家，必须有政治过硬，适应新时代要求，具备领导现代化建设能力的干部队伍。

公务员要讲党性、讲政治，坚持正确政治方向，保持高度政治定力，是党员领导干部敢于担当的第一要求，也是党员领导干部安身立命之本。党员领导干部必须始终坚守共产党人的精神追求，坚定马克思主义的信仰，坚定共产主义和中国特色社会主义的信念；始终坚持中国共产党的领导，坚定不移贯彻党的基本理论、基本路线、基本纲领、基本经验、基本要求，坚定不移贯彻党的重大决策部署和各项方针政策，在思想上、政治上、行动上自觉同以习近平同志为总书记的党中央保持高度一致。当前，国际国内形势复杂多变，多元思想观念相互激荡，意识形态领域斗争依然激烈。党员领导干部特别是高级领导干部，在涉及道路、理论、制度等根本性问题上一定要头脑清醒、立场坚定、旗帜鲜明，坚持道路自信、理论自信、制度自信，做到“咬定青山不放松，任尔东西南北风”。

公务员身处重要工作岗位，职务就是职责，担当义不容辞。“为官避事平生耻”。党员领导干部无论担任何种职务、无论职务大小，都必须忠于职守、敬业奉献、奋发有为，切实做到担责不误、临难不却、履险不惧、受屈不计，做到守土有责、守土负责、守土尽责。党员领导干部面对急难险重任务，必须敢于挺身而出，靠前指挥，有胆有识，果断决策，真正成为带领人民群众战风险、渡难关的主心骨；面对庸懒散奢现象、违法乱纪行为、各种歪风邪气，必须坚持原则，保持本色，敢抓善管，动真碰硬，真正做社会主义道德的示范者、诚信风尚的引领者、公平正义的维护者。当前有的党员领导干部不求有功但求无过，安于现状，得过且过；有的不讲是非、只讲世故，不讲原则、只讲关系，不讲批评、只讲和气。这样的党员干部就是没有责任担当的不称职干部，必须加强教育管理。事不避难，义不逃责，为了党和人民事业，党员领导干部就是要有舍我其谁的气概，有敢为敢当的精神，有善做善成的本领，始终保持一股艰苦奋斗的劲头和锐意进取的激情，把全部心思和精力用在干事创业上，真正做到为官一任、造福一方。

二　领导的含义

“领导”一词来源于英文 lead，其作为管理学上的一个概念由来已久。但是，“领导”作为一门理论性与实践性很强的科学研究，其科学的含义并不是很明确。马克思认为：“一切规模较大的直接社会劳动或共同劳动，都或多或少地需要指挥，以协调个人的活动。”随着社会生产力的不断发展，领导作为一种特殊的社会活动不断凸显。在开展实践活动的过程中，所谓“领导”，是指领导主体通过率领、引导或影响领导群体，实现既定领导组织目标的活动过程。在领导的实践过程中，领导作为人类活动的必然产物，其实质内容是“率领、引导”。如同人类的其他生产实践活动一样，领导实践活动的发展经历了不同历史时期的演变。在不同的历史发展时期，由于受不同的政治、经济和文化环境的影响，领导实践活动有其不同的发展内涵，呈现出不同的内容与形式。但经过对不同发展时期领导实践活动内涵的总结，对领导也可简单定义为：领导是由先进群体组成的社会力量，并在一定的条件下以一定的意志和权力，对被领导者施加影响，率领和引导被领导者，为实现某种共同的目标或利益而向前奋进的行为艺术和互动过程。对于领导系统的概念可以从以下几方面理解。

（一）领导是一种组织行为活动

在进行领导实践的过程中，为了实现人类活动的既定目标，只有将领导作为一种实现领导群体活动的组织行为，才能实现组织的目标。领导作为人类特有的组织行为活动，是由人类活动的本质特征所决定的。在开展人类活动的过程中，人们总是基于某种社会目的进行组织与配合，并在组织与配合的实践过程中，实现共同的既定活动目标。在组织行为的实践过程中，领导通过履行协调职能，有意识地促进组织群体要素朝着领导目标发展。对于组织行为活动而言，这种特殊的协调活动过程就是领导的活动过程。实践活动发展越复杂，其领导组织与行为发展亦越复杂。可见，为了实现社会组织群体的共同目标，领导是一种组织实践活动中必不可少的组织行为活动。

（二）领导是一种社会关系

在领导实践的过程中，领导主客体之间通过实践活动建立起来相互联系与相互作用的社会关系。这是由领导活动是社会分工产物所决定的。在领导活动的过程中，通过领导主客体间的相互联系与相互作用完成组织目标。在实践活动的组织内部，领导的实质是反映组织活动内部的少数人与多数人之间的特殊关系。这种特殊关系经过领导复杂活动的发展与深化，逐渐演变成领导者与被领导者之间的关系。基于领导者与被领导者之间的共同群体目标，领导者与被领导者只有进行群体实践活动，才能凸显领导职能对于群体实践活动的重要性。所以，在开展实践活动的过程中，领导者正是在这种条件下，基于实现领导活动的目标，在群体中由少数人产生。由少数人产生的领导者通过领导职能的行使，指挥与影响组织群体的其他要素。其中，必须处理好组织群体诸多要素间的关系。实际上，领导活动中的领导主体与领导客体之间存在辩证统一的社会关系。只有处理好领导主体与领导客体的相互依存与相互发展的社会关系，才能实现领导活动的顺利发展。

（三）领导是一个实践过程

领导既是一种组织行为活动，又是一种社会关系。在一定的社会组织内部，领导表现为领导群体间相互依存与相互作用的特殊的实践活动关系。群体间的相互作用的活动关系是作为一个实践运动过程展开的，其不是静止的而是运动的。从哲学的视角，将领导看作一个复杂的动态实践过程。在动态的实践过程中，我们更加深刻地体会到，领导活动中的领导主客体与领导环境要素之间存在相互依存与相互作用的社会关系。其中由于领导活动是一种特殊的人类群体实践活动，只有通过沟通才能实现领导主客体双方之间的意志交流，以及领导主体对领导客体产生影响，并最终实现领导主客体共同的目标或利益。此外，在实现领导意愿的实践过程中，领导主客体的意愿交流又受领导环境影响。

（四）领导是能力与艺术的展现过程

为应对复杂多变的领导环境，在领导的活动过程中，领导者应该遵循一切从实际出发的原则，不断地调整领导方式，不断提高领导者应对复杂环境的能力，才能实现既定的领导活动目标。同时，在领导的实践过程中，领导艺术始终贯穿其中。领导艺术作为一种客观现象，只有在领导者运用领导方法的过程中才能表现出来。毛泽东说过："领导作为一种艺术实现的过程，领导可以依据不同的环境，有序解决领导活动过程中的诸多要素问题，最终实现领导活动目标。"这样，在提高领导能力与展现领导艺术的过程中，领导艺术作为一种由综合因素构成的领导技能，主要运用各种领导方法，确保领导者与被领导者之间保持一种平衡关系。只有提高领导活动主体的领导能力与领导艺术，才能保证领导者与被领导者共同进步、协调配合。将领导的能力与艺术应用到具体的方法中，才能确保领导目标的实现。

三 公务员的担当

（一）对民族的担当

实现中华民族伟大复兴是近代以来中华民族最伟大的梦想。这一重要论述是习近平同志对近代以来中华民族砥砺奋进的光辉历史的高度集中概括，他在国内国外的许多重要场合都有过具体阐述。

民族担当源于党的历史使命。1840 年，英国的鸦片和大炮打开了清王朝封闭已久的大门，在闭关锁国政策和高度集中的封建政治统治束缚下的中国，封建统治者缺乏足够的担当精神。面对日益严重的民族危机，农民阶级、资产阶级都曾先后奋起抗争，但最终都以失败退出历史舞台。带领人民实现中华民族伟大复兴的重任历史性地落到了中国共产党的肩上。从那时起，中国共产党就踏上了拯救国家和人民命运的风雨征程。以毛泽东为代表的中国共产党人立足当时的中国国情，展开了发动工人、农民的轰轰烈烈的运动。面对敌人的刀枪利剑，共产党人没有退缩，而是用实际行动践行对民族的担当。经过艰苦卓绝的斗争，中国共产党领导人民推翻了“三座大山”，承担了完成民族独立、人民解放的历史重任。以邓小平为主要代表的中国共产党人面对党内党外、国内国外出现的新情况，提出了改革开放的伟大决策，开创了中国现代化建设的崭新局面。20 世纪 80 年代初，面对国际大环境的深刻变化，国内政治风波的巨大挑战，以江泽民同志为核心的党中央“努力担当起振兴中华民族的历史使命”，推进社会主义事业进入新时代。进入 21 世纪，以胡锦涛同志为主要代表的中国共产党人不断“加强党的执政能力建设和政治先进性建设，更好地担当起执政为民、执政兴国的历史重任”，并提出了科学发展观，将中国特色社会主义建设推向新的发展阶段。

党的十八大以来，以习近平同志为核心的党中央号召“全党全国各族人民更加紧密地团结起来，勿忘昨天的苦难深重，无愧今天的使命担当，不负明天的伟大梦想”。当前，中国的发展在经济、政治、文化、社会、生态等多个领域实现了从量变到质变的突破，为开启中华民族伟大复兴的新征程奠定了坚实的基础。广大公务员要以习近平新时代中国特色社会主义思想武装头脑，不忘初心，牢记使命，用担当推动中华民族伟大复兴的梦想成为现实。

（二）对人民的担当

不论是从党的性质或是党的事业来说，作为执政骨干的人民公仆做事情的出发点和落脚点都应该是为人民。党的十八大以来，以习近平同志为核心的党中央对广大干部为民担当的内涵有了更为深刻、更为翔实的认知。习近平在多次讲话中强调：中国发展站在新时代、新的历史起点上，抓机遇、迎挑战离不开人民的拥护和支持。干部要从群众的呼声中找准为民担当的方向，从群众的诉求中找准为民担当的坐标，让改革成果惠及人民、发展成果由人民共享。

践行执政为民责任担当，首先，树立为人民担当的执政理念。理念是行动的先导，有了正确的执政理念，才会有正确的执政行为，广大干部才能够切实做到了解人民的所思所盼，回应人民的期待。

其次，要掌握科学的工作方法。掌握科学的工作方法需要公务员从两方面入手：其一，提升深入调研、体察民情的能力，要把人民视为践行担当的线索源。“知屋漏者在宇下，知政失者在草野”，只有深入基层、深入人民群众才能知民之怨晓民之盼，从而在为民担当时有的放矢、对症下药、善于担当。人民群众关注和强调的社会生活的焦点和热点，就是广大公务员践行为民责任担当的切入点和着力点。“人民的心声、心愿、心念就是民心”，对此，习近平明确指出：“民心是最大的政治，要把管党治党政治责任落实到基层，厚植党执政的政治基础。”

其二，以人民满意作为评判自身改革工作落实成效的标准。习近平强调：“改革成效如何，说一千道一万，要由人民来评判”，让人民评判才能体现人民的意志，才能确保公务员的担当是符合人民利益的。让人民评判也是提高公务员担当能力和水平、改进广大公务员工作的有效途径和有力鞭策。全体公务员要把人民视为检验担当成效的监督员。一方面，党组织选拔任用干部要进行任前公示，以便扩大人民群众参与的范围，增加群众参与评价和表达意见的机会，充分发挥群众在党的执政中的监督作用，帮助党组织落实干部的选拔任用职责。另一方面，各级党组织要保证群众反映干部问题的渠道畅通，这有利于广大干部履行对人民的责任。

（三）对党的担当

公务员，特别是领导干部对党的担当体现为对党的事业的忠诚度。“天下至德，莫过于忠。”忠诚于党，是公务员最重要的政治品质和首要的政治生命线。在中国革命、建设、改革的不同阶段，无数干部用对党的绝对忠诚的政治品格和政治情怀书写了可歌可泣的光辉事迹，为我们树立了行为标杆。

忠诚于党是广大干部砥砺奋进的动力源。对党忠诚能够激发广大公务员投身于新时代中国特色社会主义建设的内生动力和力量源泉。回望中国共产党发展壮大的历史进程，可以发现，中国共产党能够夺取一个又一个胜利，以昂扬奋发的势头继续前行的决定性因素就在于我们党有一大批全心全意忠于党、对党担当的党员干部。这些党员干部身上的优秀政治品格成为我们党发展壮大的力量源泉。革命战争时期，无数仁人志士坚信自己的信仰、坚信党的事业必将取得胜利，他们具有对中国共产党忠诚的政治品格，为了推翻压在中国人民身上的“三座大山”，为了争取民族独立、人民解放事业抛头颅洒热血，为实现国家富强、人民幸福扫清障碍、铺平道路。他们把党放在心中最高的位置，认同党的领导，贯彻党的思想、方针、政策，执行党的决定，这种对党的绝对忠诚已经融于他们的血液中，渗透于他们的灵魂。党的十八大以来，习近平同志在讲话中多次谈到领导干部对党要绝对忠诚的问题。面对国内国外、党内党外出现的一些新情况，他指出：“对党绝对忠诚要害在‘绝对’两个字，就是唯一的、彻底的、无条件的、不掺任何杂质的、没有任何水分的忠诚。”赋予对党忠诚以新的精义和要求。

要正确认识对党忠诚和对人民忠诚二者之间的关系。马克思、恩格斯在《共产党宣言》中指出：“共产党人不是同其他工人政党相对立的特殊政党。

他们没有任何同整个无产阶级的利益不同的利益”。中国共产党作为新型的马克思主义政党，是人民利益的忠实代表，没有自己任何的特殊利益。因此，对党忠诚实际上就是对人民忠诚。广大公务员只有把人民牢记于心，不断满足人民群众对美好生活的向往和追求，才能不断巩固党的执政基础，凝聚党发展壮大的磅礴力量，不断开创中国特色社会主义事业发展的新局面；只有更加坚定对党的绝对忠诚的政治品格，践行人民情怀，让人民群众切实感受到来自党的温暖，才能够使人民相信党、爱戴党、拥护党。

当前，在部分干部中存在着这样一些现象：有的人对马克思主义信仰、中国特色社会主义信念摇摆不定、心存怀疑，更有甚者，放弃共产主义信仰，烧香拜佛信鬼神；有的人出于一己之私或心怀不轨，对中央的大政方针阳奉阴违，对涉及大是大非的问题态度模糊不明确；有的人目无组织、无视中央禁令，有令不行、有禁不止，“身在曹营心在汉”，这些都是对党不忠诚的表现。对此，习近平同志在讲话中强调：“坚持对党绝对忠诚，必须对党高度信赖，做到热爱党、拥护党、永远跟党走”，领导干部要不断增强对党的认同感、责任感、归属感，以对党绝对忠诚的品格践行对党的担当。当前我国正处于全面建成小康社会的决胜阶段、中国特色社会主义建设进入新时代的关键时期，广大干部以对党绝对忠诚的品格践行对党的担当，就要在全面建成小康社会的实践中践行担当，在社会现代化强国建设中开拓创新。

四　公务员的能力

（一）公务员的能力局限

1. 能力结构不合理

合理的能力结构是领导干部胜任岗位的前提条件。从领导职能的角度看，公务员的能力可以分为基础能力、核心能力、专业能力三个部分；从知识类型的角度看，公务员的能力可以分为政治能力、理论能力、业务能力（组织能力、决策能力、沟通能力）等不同的能力。不同的工作领域、工作岗位对公务员的能力要求是不一样的，因此，不同工作部门的公务员是很难进行跨界交流的。同样，不同层级的领导职位对公务员的能力要求也是不一样的。

一般来说，基层干部偏重具体的事务性工作，主要关注工作环节和工作指标，重点应放在执行能力上；中层干部主要关注工作任务和工作目标的完成，需要特别强调决策能力和创新能力；而高层干部主要关注价值的实现，应该更加重视政治能力和战略思维能力。公务员的能力如果与职位层次不相适应，就很容易陷入“彼得原理陷阱”，并因为触及能力天花板而丧失原来的工作优势，无法胜任更高层级和更高职位的领导工作。由此可见，公务员的能力具有普遍性和特殊性相统一的特点。普遍性要求公务员具有干好领导工作的基本素质和能力，即具备基础能力和核心能力；特殊性则要求公务员具有干好具体岗位工作的专业能力。干部要胜任领导工作，无论是基础能力、核心能力还是专业能力，都需要根据环境的变化进行动态调整。

2. 能力不足

公务员能力不足是指公务员不具备或缺少履行岗位职责所需要的个体素质，包括知识、技能、特质、认知、动机、价值观等。公务员能力不足有多方面的原因。从公务员自身角度分析，除智商、情商、胆魄等先天性特质外，知识、经验、技能、方式方法和个人魅力等因素也会对公务员的个体能力产生重要影响。公务员的天赋在能力形成和发展过程中会起到一定的作用，但总的来讲，公务员的能力是经过后天努力获取的，能力不足主要还是个体努力不够的结果。领导工作具有综合性和复杂性的特点，领导角色也不同于一般人角色，广大公务员需要站在一定的高度，围绕全局、整体来开展决策、管理和服务等领导活动，因此，领导能力也不同于一般人的工作能力。与一般人注重逻辑思维、记忆理解、语言表达、文字表达、人际沟通等基础能力和专业知识、专业技术等专业能力不同，公务员更强调与工作职能密切相关的计划、组织、指挥、控制、协调、决策和用人等核心能力。在实践中，人们对广大公务员的能力认识主要存在两个误区：一是把学历文化水平、专业能力和领导能力画等号，过度强调学者型、专业型领导的优势和作用；二是把工作表现和工作能力画等号，以工作勤奋程度、责任心、事业心和敬业精神来衡量和评价公务员的工作能力。

3. 能力落后

能力除了具有隐蔽性、综合性、复杂性等特点外，还具有动态性。公务员的能力既是在一定的时间和环境下形成和发展的，同时又受制于一定的时间和环境条件。公务员能力落后是指公务员的能力不适应形势、任务、制度、技术等外部环境的变化，难以应对新情况、新问题和新挑战。随着现代科学技术的发展和经济全球化进程的加快，领导活动所依存的政治、经济、文化和社会环境发生了一系列变化，并呈现出高度的复杂性和不确定性。新的动态环境使得公务员原有的能力结构出现了断层，一些能力甚至因为失去作用对象而发生塌陷。由于对原有能力路径的惯性依赖，一些公务员的能力优势逐渐丧失，陷入“老办法不管用，新办法不会用，硬办法不敢用，软办法不顶用”的窘境。事实上，处于不同时期和不同环境下的领导者需要具备的能力都是不一样的，古代的领导者和现代的领导者、国外的领导者和国内的领导者在能力结构、能力倾向上就表现出明显的异质性。公务员的能力不仅要与工作性质、工作岗位相适应，而且要与新形势和新任务相适应。相较于农业经济时代和计划经济时代对广大公务员的能力要求，工业经济、市场经济和信息化时代要求公务员的能力更具专业性、开放性和创新性。面对新形势、新任务，广大公务员需要与时俱进，及时感知环境、适应变化、抓住机遇，重构并升级自己的能力，才能在实现能力保值增值的同时，创造出更多的工作绩效。

4. 能力迷信

绩效不仅取决于公务员的个体能力，而且与组织资源、组织环境密切相关。丰富的组织资源和有利的组织环境使得公务员更容易完成工作任务、实现组织目标，反之，则会增加公务员工作的难度。公务员的能力迷信是指公务员脱离主客观条件，夸大个体能力在领导活动中的作用。面对新形势、新任务，很多公务员出现了能力不足、本领恐慌问题，但也有部分公务员由于对自身能力缺乏足够的认识，对自己的能力极度自信，陷入了自我崇拜的误区。公务员的能力虽然在公务活动中发挥着重要的作用，但这种作用总是和一定的领导环境和领导资源联系在一起的。在传统社会和组织条件下，公务员因为拥有较大的权力和较高的地位，往往被人们过高地估计了个体能力和作用，一些公务员甚至给自己的定位也是“不要混同于下属和一般老百姓”。在现代社会条件下，随着被领导者民主意识的增强、个体素质能力的提升以及组织规章制度的健全，干部不仅权力受到限制，而且地位和作用也开始下降，领导干部与下属的区别主要表现在影响力，而不在于权力，更不在于能力。领导干部能做的事情，下属也能够做到，甚至会做得更好。与此同时，领导干部的能力必须依托于一定的领导资源和组织资源才有可能发挥出更大的作用，取得更好的绩效。领导资源和组织资源在很大程度上左右着领导干部的选择，制约着广大干部主观能动性的发挥。领导干部虽然可以凭借自己的能力获取更多的资源，并与下属通过资源交换形成互动，但大多数情况下，领导资源和组织资源相对恒定，而且相比需求总是不足。干部的能力必须与资源保持协同，既尽力而为，又量力而行，才能缓解能力与资源之间的张力，增强领导活动的可持续性。

（二）公务员的赋能路径

1. 学习赋能

学习是广大公务员，特别是领导干部获取知识、提升能力的主要手段和重要途径。公务员的知识可以从存量、增量和质量三个维度来理解。存量知识是指公务员在过往的既定时间段内所拥有的知识，而增量知识则是在存量知识基础上新增加的知识部分。存量知识更多地表现为过去产生的、与现实联系不太密切的旧知识，增量知识则主要表现为与现实紧密联系的新知识。知识质量主要指公务员所拥有的知识能够满足公务员完成工作任务、实现组织目标需求的程度。增量知识虽然要以存量知识为基础和前提，但作为一种反映形势和环境变化的新知识，其有可能会替代甚至取代存量知识，因此，增量知识的质量总体上要高于存量知识的质量。公务员的知识和能力均具有静态性和动态性双重属性。在复杂多变的环境下，一方面，广大公务员缺乏应对新情况、解决新问题的新知识和新能力；另一方面，他们原有的知识和能力失去了时效性，出现了价值折旧和贬值的情况。知识和能力有限使得领导干部在面对新的工作时容易陷入困境，公务员迫切需要通过学习更新知识，重建能力结构和能力体系。公务员学习的过程既是一个发现知识、吸收知识、利用知识和创新知识的过程，同时也是一个能力提升和发展新能力的过程。通过盘活知识存量、做大知识增量、提高知识质量，提升广大公务员行动的力量和能力。从这个意义上讲，学习在很大程度上决定着公务员的能力和绩效，学习能力也是公务员众多能力中的一种关键能力。

2. 借智赋能

公务活动涉及多个领域，需要广大公务员具备包括专业知识、技术知识在内的多方面知识。由于知识的复杂性，公务员不可能拥有完整的知识体系。公务员的行政活动涵盖政治、经济、文化、社会等各个方面，既需要关注价值、目标的正当性，又需要考虑手段、途径的可行性，单靠公务员个体或者班子成员很难做出比较满意的决策。面对快速多变的社会大环境和各种错综复杂的公共问题，现代决策等行政活动更加强调具有专业知识背景的技术路线，以减少对权力和经验的依赖，保证行政活动的科学性。技术路线对作为行政活动主体的公务员的知识体系提出了更高的要求。现代社会职业分工和知识分工的细化使得人们很难成为掌握完整知识体系的人才，人们主要通过知识交换和协作来实现知识互补。技术路线虽然对公务员的知识积累和知识水平提出了更高的要求，但并不意味着公务员必须拥有开展行政活动所需要的全部知识，公务员可以通过寻求包括专家学者、智库机构在内的“外脑”的智力支持来弥补个人知识和能力的不足。一般情况下，“外脑”因为经过系统的专业训练，拥有相关领域的专业知识和专业技能，是技术理性称号的人格化体现。“外脑”的知识优势主要体现在某一领域的“事实问题”和“技术问题”上，而非“价值问题”上，“外脑”也主要在某一领域的“事实问题”和“技术问题”上为公务员的行政活动提供知识、信息和技术支持，减少公务员在行政活动中的主观性、随意性和盲目性，提高公务员实施行政活动的理性化和科学化水平。

3. 团队赋能

团队作为一种组织形式，是现代组织中的一种普遍存在。领导干部作为公务员组织的领头羊，能力和作用都是有限的。领导干部要干好工作、干出成绩，不能靠自己单打独斗，而是要靠团队。优秀的团队不仅是领导干部个人取得绩效和成功的重要保证，而且是组织完成任务、实现目标的关键性力量。与正式的科层制组织相比，团队是一种水平的、非正式的组织结构，是既隶属于组织又独立于组织正式的领导角色和层级结构。团队的优势主要体现在由知识和能力共享所形成的工作协作上。团队讲分工，但是更强调合作。团队成员虽然扮演的角色不一样、发挥的作用不一样，但是通过合作，能够形成合力。这种合力不是个人能力的简单叠加，而是一种再组织化的协作、协同能力，其产生的整体工作绩效大于个人工作绩效相加之和（1 +1 >2）。也正因为如此，在现代组织中，团队开始逐渐取代个人而成为组织的一种基本结构单元。在复杂多变的外部环境下，团队也成为组织应对环境变化的一种有效的组织形式。领导干部在组织和团队中虽然都扮演着重要角色、发挥着重要作用，但相对于团队，领导干部无论是能力还是工作绩效，都只占据了很小的一部分。领导干部可以影响团队，但领导干部再聪明、再能干也无法取代团队。在现代社会条件下，组织成员的素质、能力不断提升，并通过团队的形式实现了自我领导和共享领导，原有的垂直领导的层级组织结构发生变化，领导干部的角色、能力和作用被部分替代，领导干部需要更多地依靠团队才能实现对组织的有效领导。

4. 授权赋能

授权不仅是领导干部与组织成员共同行使权力的过程，而且是领导干部和组织成员分享知识、信息和交换能力的过程。在这个过程中，组织成员因为授权得到了激励、锻炼和培养，领导干部则因为授权完成了一些个人无法或者不能很好完成的工作任务。对公务员而言，权力不仅要与责任保持一致，而且要与能力相匹配。在现代领导模式中，尽管能力和绩效本位正在取代传统的权力本位，但作为一种资源支配手段，权力在公务活动中仍然占据着重要地位。权力在很大程度上决定着资源的分配，从这个意义上讲，权力也是一种能力，这也是一些公务员误把权力当作能力的一个重要原因。公务员作为组织的代理人，拥有决策权、用人权、奖惩权等一系列职位权力，用好这些权力，很大程度上取决于公务员的能力水平。从用权的角度看，公务员不适应岗位要求，实际上就是公务员缺乏相应的行使权力的能力。公务员向组织成员授权，不仅带来了组织成员能力和绩效的提升，而且延伸了自己的能力和绩效。在现代社会条件下，很多组织成员都是具有一定的成熟度且有着自我成长需要的积极主体，通过授权，他们进一步获得了自我领导和自我发展的能力，并因此成为组织最重要的人力资源和领导干部的得力助手。而领导干部通过授权将一些自己想干却干不好的事情交给了在某一方面具有能力优势的组织成员，解决了能力与岗位、职位与权力不相适应的问题。领导干部授出的是权力，收获的却是能力。在权力向组织成员转移的同时，领导干部也进一步拓展了自己的能力空间。

5. 技术赋能

随着现代科学技术在政治、经济、文化和社会等领域的广泛应用，公共行政和领导活动的方式发生深刻变化。新技术通过为市场主体和社会主体赋权、赋能，改变了公共权力的运行环境，并分割、削弱甚至取代了政府和公务员的部分职能，使公务员的能力面临新的挑战。传统的政府活动虽然注重方式方法，但这种方式方法主要是公务员个人的行为风格，带有很强的主观性和能动性，技术因素在其中并没有得到应有的重视。在现代社会条件下，技术作为一种提高工作效率的工具和手段，在政府公务活动中越来越占有重要的地位。相对而言，传统社会下的政治环境和公务活动比较简单，对技术的要求和依赖性也较低。但现代社会复杂多变，单靠公务员个体的主观努力已经很难驾驭局面、提高绩效，政府活动的成功和有效需要更多地依靠技术手段才能实现。在公共行政技术化已成为一种趋势，互联网、大数据、区块链、人工智能等新技术广泛应用于公共行政领域的大背景下，公务员在工作中掌握和运用的新技术越多、越熟练，其在能力上的优势就越明显，取得的工作绩效也就越突出。从这个意义上讲，无论是领导力、领导能力还是领导效力，都需要有技术支撑。技术作为一种中介，不仅给公务员带来了能力红利，而且促进了公务员工作方式的转变。与权力相比，技术更容易解决一些复杂的问题，社会和组织也因为技术进步而呈现出多中心化趋势，公务员的权力、权威和作用被技术切割，组织及组织成员对公务员的依赖程度降低，公务员迫切需要改变领导方式，通过运用技术来提高工作的理性化和科学化水平。

6. 魅力赋能

魅力是一种在人际关系中吸引他人、影响他人的情感力量。作为公务员的个性和行为特征，领导魅力是公务员，特别是领导干部吸引、号召、凝聚组织成员的一种特殊品质。领导干部的个人魅力是其成功的一个重要因素。

公务员的魅力来源、结构和表现形式是多种多样的，既有人格魅力、品德魅力、形象魅力，又有知识魅力、能力魅力和情感魅力。在工作中，权力、能力和魅力是三种不同性质的作用要素，其作用的方式和渠道也是不一样的。权力主要通过分配资源来影响或控制组织成员，能力主要通过个体行为或个体力量影响或控制组织成员，而魅力则主要通过一种肯定性的情感互动来影响或控制组织成员。一般来说，权力和能力的作用方式都是理性的，其渠道也主要是通过正式的工作关系，而魅力的作用方式则带有浓厚的情感色彩，在渠道上也更多地表现为非正式的人际关系。能力虽然能够形成魅力，但能力并不等于魅力。与权力和能力相比，组织成员更愿意接受公务员的魅力，公务员的魅力不仅扩大了公务员的权力，同时也放大了公务员的能力。依靠权力或能力达不到的一些目标，依靠魅力却有可能实现。

五　公务员专业化队伍建设

（一）完善专业型干部选任机制

1. 精准发现识别干部

坚持多渠道举荐，综合运用干部署名推荐、组织部门考察调研掌握、单位干部群众民主推荐、各级组织部门公开遴选、按照人岗相适原则个人自荐等方式，及时将优秀专业型干部纳入组织选任视野。坚持从实践中发现专业水平较高的干部，加强关注培养，有计划地将其调整到相应岗位锻炼。在选配标准上，既重学历更重经历。现在不缺少有学历的干部，缺少的是工作经历能够适应基层工作、打开局面、推动发展的干部。不同干部的学历水平、阅历经验、专业优势、擅长领域都有所区别，因此从事的具体工作也会不同，必须将干部的专业优势和个人特点施展出来，促进当前经济社会进一步发展。要全面考察干部的综合素质，精准掌握干部的专业优势、擅长领域，不能简单地通过学历、职称来判断评价干部，必须以实绩进行综合考量，坚持从实际出发，将工作履历、工作实绩、专业特长等综合评价情况作为干部选任的依据，区分不同人才，发挥他们的特长，确定适合的岗位，真正实现人尽其能、人岗适用。在选配专业上，选内行、不选外行。要积极适应新形势下的各种需求，加强与上级各项决策部署、产业发展方向沟通对接，确保在选人用人上方向对、路子对，并紧密结合各地区实际，重点选配乡村振兴、高端工业、金融招商、信息产业、高新产业等方面的优秀干部。同时，按照专业、领域、层级等分类方式建立专业型后备干部库，加强日常动态分析调研，对专业型干部进行实时调整增补，保证专业型后备干部数量充裕、专业精通。

2. 围绕中心选配干部

坚持把专业型干部选配和重点工作推进同部署、同落实，聚焦动能转换、乡村振兴、“双招双引”等工作重点选配专业干部人才。在选配类型上，大力选拔开拓型、复合型干部。把坚持硬性标准与做好自选动作相结合，在符合上级组织部门关于选拔使用干部的硬性规定、具备履行岗位职责要求的专业知识的基础上，从各地区实际出发，大力选拔思维活跃、敢于斗争、破题攻坚的开拓型干部。坚持事业至上，把工作前线作为检验识别干部的主战场，将选人视野向一线延伸、向基层拓展，注重从一线发现使用专业型干部，加大一线优秀干部提拔力度，利用定期考核、日常监督、干部考察、访谈调研、谈心谈话等方式，掌握一线干部工作表现情况，优先选拔使用有基层工作经历或在棚户区改造、征迁攻坚、重点园区建设、重点项目建设等一线表现突出的干部。激励优秀年轻干部投身一线，主动到重点项目、难点工作中实践锻炼，将工作成绩出色、干群关系反映较好的干部纳入组织选任视野，对符合党的事业发展需要的干部优先提拔和进一步使用，暂时未能提拔或进一步使用的，作为后备干部进行管理，树立敢于斗争、踏实肯干的干部选拔任用标准导向。

3. 公开选拔专业型干部

根据岗位空缺情况，充分考虑地方发展和部门单位需求，分层次、分领域、分行业设置公开选拔（聘）条件，加大公开选拔（聘）优秀专业型干部力度。坚持先分析后选配，对岗位职责及所需人选情况进行综合分析研判，明确入选条件、确定选拔程序及方式，真正将符合岗位特点的专业型干部准确选拔出来。科学合理规范竞争性选拔干部有关制度，进一步完善选拔考察方式，不断规范明确标准条件，适当放宽年龄、学历等条件限制，科学设置选拔条件，既突出专业要求，又注意任职经历、实战能力的要求。创新选拔方式，敢于打破常规措施，坚持做什么考什么，综合采取履历业绩评价、业务测评等方式，全方位、多角度考实考准，让专业水平高、专业精神强、专业作风硬的干部能够被纳入组织选任视野。

4. 用好专业型技术干部

充分考虑干部的专业水平和领导能力，坚持因事择人，按照各单位、各行业、各领域不同职责、具体业务等，对其进行差异化评价，明确岗位需求，确定专业条件，将从哪里选干部、选什么样的干部、干部从事具体工作等进行分析，确保专业型干部在其岗位能够尽其才，实现预期目标。对于急需补充的高层次紧缺专业人才，可以打破身份和待遇的制约，采取社会选拔、委托招聘等方式进行选拔，并在职称、薪酬等方面给予特殊照顾。

（二）加强干部多元化专业培训

1. 树立专业化培训导向

建立以专业能力为重点的干部培训模式，以培训强化促进专业能力提升。坚持全员培训、专题培训和实地培训相结合，将专业技能、专业精神培养贯穿于培训全过程，逐步建立完善干部专业能力连续性、一贯性的培训机制。建立培训计划管理制度，根据形势发展需要、党委政府的中心任务和部门职责，科学合理地对培训进行重新规划，明确学习内容、培训形式、学习效果和实践转化等各方面内容，建立靶向教育培训制度，突出精准性和目标性，结合不同层级、不同职位干部的培训需求，因人而异开展专业化培训。同时，进一步拓展培训的专业深度，紧密结合当前经济社会发展情况，将各领域的最新研究成果及时纳入培训内容，按照专业、及时、适用的原则，通过高频次的培训弥补干部专业短板，让干部开阔思路、解放思想，不断提升知识能力水平。

2. 注重开展分类培训

积极探索创新培训机制，进一步完善体现专业化需求的干部教育培养途径，本着“干什么学什么”“缺什么补什么”“急什么要什么”“弱什么强什么”的原则，有倾向性地分类设置培训内容，让各个职位、各个领域、各个级别的干部都可以参加相应的专业培训。聚焦基层干部在实际工作中存在的能力不足、专业受限、素质短板、办法老旧等突出问题，建立健全培训内容双向交流反馈、培训效果双向评价考核等制度，推行情景式教学和实践性教学，鼓励在培训过程中采取互动讨论式的教学模式，为基层干部制定个性化的培养方案，满足不同干部的不同需求。继续通过“外出求教”学经验、“请师上门”求办法的方式，进一步拓展新平台，依托“线上 + 线下”载体，开展内容完善、灵活多样的培训，对一些新兴领域急需的专业化人才，除出台政策吸引外，可选拔合适的干部到机关高校脱产培训，着力解决干部“知识恐慌”“专业恐慌”“本领恐慌”的问题，促进干部补齐知识短板，提升个人能力素质。

3. 加强干部实践锻炼

注重干部全方位成长，培养复合型领导干部人才，对专业能力突出，但领导能力欠缺的干部，通过采取挂职实践锻炼、参与重点项目、担任科技副职、双向交流任职等措施，根据干部及其岗位特点安排到基层一线、急难险重任务、艰苦困难地区等锻炼，让干部不光有“职”，更要有“责”，充分发挥急难险重任务“磨刀石”的作用，让干部在干事中激发潜能、提高能力。组织开展“年轻干部双向交流任职”计划，提高干部综合素质和能力。组织市、县、镇三级干部开展双向交流任职，进一步丰富干部经验阅历，掌握不同层次单位需要的不同工作能力，以更加务实高效的态度开展各项工作。从基层选派急需提高专业素养的干部到市级以上财税、金融、城建规划等单位挂职，增强专业能力。与南方先进地区建立干部定期挂职交流机制，通过双向挂职引进南方先进的工作方式，进一步转变思想观念、扩展眼界格局。

4. 抓好专业精神教育

突出政治性，把思想政治教育能力作为广大干部专业能力和专业精神的核心和基础，将思想政治教育作为培养干部专业能力和专业精神的核心内容。要构建体现专业化要求的干部使用锻炼平台，鼓励干部在条件艰苦地区、矛盾突出岗位和基层一线砥砺品质、提升本领，培养安于本职、钻研业务的专业精神。在新时代干部教育培训中，必须进一步强化关于专业精神的教育，利用党校、高等院校、科研院所、干部讲堂等培训主体开展系统化、模块化、重点化的培训教育，推动各级干部培养专业意识、增强专业本领，通过发挥专业精神更好地提升专业水平。

（三）建立以专业化为导向的考核激励体系

1. 完善职位分析管理制度

根据各级党委政府和部门单位的职能划分、任务分工、具体工作和干部比例等各种因素，分类完善职位分析管理制度，根据职位的职务层次、专业需求、管理资格条件、职能定位、考核标准和具体职责等，探索制定各职位资格标准，明确职位胜任特征，制作专业精确、内容丰富、资格明确、职能清晰的职位说明书，作为干部录用、评价、选任、绩效发放、培训教育、能力评估的重要依据。对已在岗的干部，要根据制定的职位分析管理制度定期对其工作情况进行分析，根据工作实绩、社会反响和干群评价等做出综合评价，对不符合岗位需求的干部及时予以调整，进一步发挥职位分析管理制度的重要作用。

2. 严格日常监督管理

注重干部管理方式，科学灵活地对干部进行监督，在严格日常管理的同时，更要做到真情关心关爱干部，制定激励干部的具体措施，并将其纳入干部监督管理制度，实现对干部的有效管理。将干部能上能下作为干部管理常态化机制，对“上下”的各种情形和操作办法进行规范，对工作成绩出色、专业本领优秀的干部优先考察，对普遍反映较好的干部优先提拔和进一步使用。同时，健全大监督运行机制，完善干部监督联席会议和信息沟通制度，及时更新完善“干部负面表现情况数据库”，加大警示提醒、告诫约谈等第一种形态处理和组织处理力度，对不符合现任岗位需求、干部群众负面反映强烈的，经有关程序坚决予以调整。深化容错纠错、尽职免责等制度，既要在思想政治方面给予关心关注，更要在生活工作方面关爱关怀，支持鼓励干部充分发挥专业特长，引导基层干部在处理工作时敢于斗争、勇于担当。

3. 完善考核评价机制

探索建立干部专业素质考核评价机制，按照不同领域、不同类别、不同行业、不同情况制定有所区别的考核评价标准。注重考核评价的方式方法，在民主测评看群众基础、个别谈话看个人特点等方式的基础上，增加专业素养的专项评估，全面客观地分析干部专业化方面的表现情况，找出干部存在的专业短板和盲区。加强对专业型干部考核评价结果的运用，在专业型干部选拔任用过程中充分考虑其考核评价结果，对多次考核评价结果较差的干部进行惩罚，按照情节轻重可采取警告、调整交流、免职、降职等方式进行处理，倒逼干部不断增强自身专业能力，高标准完成各项工作任务。

第二节　心理健康的标准

一　心理健康概念

1929 年美国举行了第三次儿童健康及保护会议，此次会议在一定程度上奠定了美国未来心理健康发展的基础。会议首次提出了心理健康一词，并将其定义为个人与社会的交互作用所产生的一种状态。但是仍未对心理健康的具体定义有一个清晰的描述。1946 年，心理健康引起了各个研究领域的关注。随着第三届国际心理卫生大会的召开，心理健康的定义趋近于清晰。大会将心理健康定义为：在身体、智能以及在情感上与他人心理不相矛盾的范围内，将个人的心境发展到最佳状态。此次会议的内容逐渐将心理健康的定义描述为一种范围。1948 年《世界卫生组织（WHO）宪章》规定：健康是一种在身体、心理以及社会性上处于完全良好的状态，而不局限于身体上不虚弱或无疾病。每一个人的基本权利便是享受可达到的最高健康标准，因为健康是不分种族、宗教信仰、政治信仰、经济状况和社会条件的，是人人享有的基本权利。基于 1978 年世界卫生组织对人类健康提出的“适应”定义，1988 年其又增补了道德标准，即健康不仅是指没有疾病，而且包括心理健康、社会适应良好和道德健康。日本学者高木四郎在此基础上提出了更具体的概念，他认为心理健康是基于个人心理以防止各种精神疾病的出现以及发展。

心理健康内涵的定义相对较多，并没有形成一个公认统一的概念。故笔者将有关心理健康概念界定的文献进行了分析整理，大致分为以下三类。

第一类是广义的心理健康概念。广义的心理健康，是指有效、满意和持续的心理状态，以促进人们的心理调节并提高他们的心理效能为目标，从而使他们过上健康的生活并更好地适应社会生活。精神医学家卡尔·门林格尔（Karl Augustus Menninger）认为心理健康在一定程度上是对社会环境的适应。心理健康的人是可以保持平静的情绪、具备敏锐的智能、具有愉快的气质并做出符合社会规范的行为。社会工作者 W. W. 波孟（W. W. Boehm），将心理健康视为一种与特定社会标准下的认知相一致的社会行为，不仅可以带来幸福，还可以被社会接受。

第二类是狭义的心理健康概念。狭义的心理健康，是指个人基本心理活动过程的完整、协调和一致。心理学家 H. B. 埃格里希（H. B. English）认为，心理健康是一种持续的心理状态，在这种状态下，个体能够适应、充满活力并充分发挥身心潜力，这不仅是积极而丰富的状况，更可以在一定程度上成为避免产生心理疾病的方式。Bradburn、Andrew、Diener 等人将心理健康定义为积极情感和幸福感两种概念的综合。Schultz 从个体成长观的角度出发，将心理健康解释为人类积极的心理品质和潜能最全面的发展。个体在人生事业中的成功一定程度上决定了某些心理潜能的最佳发展阶段。我国学者俞国良认为，心理健康即个体在社会生活中适应良好的一种状态。

第三类是认为心理健康概念的界定取决于人与环境的交互作用。该类研究文献在狭义、广义心理健康定义的基础上，形成了较为统一的观点，即强调人与环境的交互作用。《简明不列颠百科全书》指出："心理健康是指个体心理所能达到的状态，这种状态并非一种绝对完美的状态而是一种最佳功能状态。"松田岩男认为，心理健康是指一种心理状态，即个体不仅在内部环境中享有足够的安全感，而且以符合普遍公众社会认知的形式，很好地适应外部环境。刘艳认为心理健康不仅是一种良好的状态，更是个体内部协调与外部适应相统一。张承芬认为心理健康是一种调整内部心理结构，改善自我和寻求自我与外部环境的协调性，逐步提高自我心理发展水平的人格特质。这种人格特质的形成是建立在良好的心理效能状态基础上的。

综上可知，这三种类型的定义之间并不矛盾，在一定程度上都反映了心理健康的本质属性，都应该纳入心理健康的概念范畴之中。应当明确的是：心理健康的界定都是以个体发展和环境影响为前提的。所以通过结合叶一舵教授的"二维适应论"的观点，心理健康不仅是个体内部心理结构与外界环境达成的平衡状态，而且是个体在与环境发生交互作用的过程中，所产生的一种心理状态。

二　心理健康标准

以下是我国对于心理健康者的评判标准。

（一）智力正常

拥有正常的智力是健康人格的基础，只有智力正常才能有效学习、思考、工作，也能够对主客观世界有健康的认知。另外，不同人有不同的心理模式或者说心理年龄，对于一个成年人来说，心理太年轻或者太衰老都是不健康的。

（二）健康的自我意识

所谓健康的自我意识，是指知道自己所思所想，明白自己和自然以及社会的关系，拥有健康的情感，具有坚强的意志力，能够对自我进行明晰评判，知道自己优势以及弱势，可以充满信心努力地去实现自我价值，可以调整自己行为，和环境达成平衡。反观那些心理出现问题的人，都是其人格出现了问题，多重人格导致彼此矛盾，没有自律性，缺乏信任，对什么事情都猜疑，难以对自我有一个清醒评价，以至于不能以积极健康的态度来主导自己的人生。

（三）乐观向上

乐观向上，指的是态度积极、情绪稳定，对人、对物充满尊重，做事富有节奏，充满活力，对日常的生活总是充满期许；能够正确控制自己的言行，调节自己的情绪表现，当有来自内外部环境的不良影响时可以以正确方式化解；情绪能够和环境同步，可以触景生情，也能因景色美好而感觉心旷神怡，一般这样的人思维敏捷，记忆力极强，对什么都好奇同时也充满自信。而那些心理存在问题的人，则总是悲观失望，总是被他人或者外物左右心神，容易丧失斗志，举止失常或者反应迟钝，总是感觉没有未来。

（四）拥有良好的人际关系

那些人格健全、心理健康的人喜欢社会交往，能够应对不同对象，自己可以把握社会交往的程度，使得自己对他人总是尊敬友好，获得大家的一致赞美。其保持着高度的完整人格，有自知之明，从不夸大自己也不轻视自己，对他人和自己的评价总是非常客观、中肯。最主要的是，可以看到他人优点，并能够取长补短，使得自己总是处在成长中，不断壮大自我。能够积极地帮助别人，并在帮助他人过程中享受这份精神愉悦。

（五）情绪调控水平较高

不以物喜、不以己悲，人总是能够很好地掌握自己的情绪，不会让不良情绪影响他人，也不会受到他人不良情绪的影响；对一切都是积极争取，但是争取不来也不灰心丧气，抱着平常心，生活随意随心，境随心转，说话充满幽默，能够有效缓冲甚至化解不良情绪。

（六）拥有很好的社会适应性

凡是人格完整的人对于社会都有很好的适应能力，能够进行正常的社交活动，可以应对一些挑战，当自己需求和社会现实相抵触时，个人可以发挥主观能动性去调整自己和社会的关系，争取克服困难满足自己需求，会根据现实来衡量自我的理想和愿望，不会做出不切合实际的决定。

（七）人格比较稳定

人格品质比较稳定，即拥有别人不具有的一些特征，这种特征或者特质不会轻易改变，如总是抱着乐观心态，对什么事都能看得开，等等。

三　心理健康的测量

目前关于心理健康的测量，不同的研究者在其研究中，通常会采用不同的内容作为衡量心理健康的指标，因此会出现不同的研究工具。Davis 等人曾在其关于自我宽恕和身心健康关系的研究中指出，心理健康的测量指标可以进一步细分为：特质焦虑、状态焦虑、创伤性压力、抑郁、生活满意度、一般心理健康、状态羞耻、状态内疚和状态愤怒等。而在全面的、准确的评价心理健康方面，心理健康的双因素理论是目前学界比较系统且完备的理论，结合该理论的内容可知，目前衡量心理健康的指标主要分为两类：积极因素和消极因素。心理健康的积极因素包括幸福感、满意度等，而消极因素包括焦虑、抑郁等，同时从双因素理论的角度来看，心理健康不仅是减少那些消极因素的过程，还强调对积极因素的获得的过程。

在评价积极因素方面，研究者倾向于采用生活满意度量表、总体幸福感量表以及最新的简版心理健康连续体量表等，而心理健康的消极因素方面，学者则青睐于焦虑自评量表、抑郁自评量表等测量工具。部分的测量工具也可能同时包含这两方面的因素，如 SCL－90（附录）、一般健康问卷等。不同于大部分研究中使用消极因素作为测量指标的情况，该研究中，将积极因素（幸福感）作为心理健康的衡量指标，故采用简版心理健康连续体量表作为心理健康的评价工具。

第三节　公务员心理素质的要求

一　社会焦虑对公务员心理素质的影响

（一）社会焦虑引发不少越轨行为

中国社会的急剧转型，意味着新旧观念并存、破立并存。对于原有的一些需要“破”的规则，许多人自然缺少认同性，而对于一些新的、需要“立”的规则，不少人则缺少认知和敬畏感。于是，不少社会成员便缺少了规则意识。在这样的情形下，身处社会焦虑状态中的不少社会成员，不愿去考虑自身行为是否符合某种规则，而更倾向于考虑某种行为是否对个人有利，这就加重了不少人的无规则意识。从现实社会的角度看，不少社会成员无章可循，各行其是，甚至是随心所欲，这就必然会引致种种越轨行为的出现。

（二）社会焦虑加重不切实际的高期望值心理

面临着社会环境的急剧变化，社会焦虑使得不少社会成员缺乏一种应对社会变化的从容心态，缺乏从长计议的理性安排。

一方面，种种暴富的神话般故事相继出现，这就不可避免地会产生种种示范效应，致使不少人大幅度地提升自己对具体目标的期望值。这种高期望值极有可能呈高指数增长态势，而人们对于这些高期望的兑现能力最多只能呈正常指数增长的态势，两者反差明显。

另一方面，社会焦虑容易引发急于求成的短、平、快的行为方式。这种行为方式短期看起来似乎是理性的，且成本小、见效快，“性价比”似乎比较高，但从长期看来却是非理性、成本过大的选择。“各个部分之间的猜忌与隔阂，极大地妨碍着社会信任的确立，刺激着各种纯粹自利的短期行为。很明显，这种情形是非常不利于防范社会风险或控制风险危害的”。

（三）社会焦虑催生某些有害的群体行为

其一，社会焦虑容易使一些社会成员失去理性的约束，容易处在一种失控的状态，容易接受种种暗示，容易进行种种模仿，产生某些非理性的冲动行为，进而衍化为有害的、失控的群体行为。在这样的情形下，加之社会转型时期大量社会失范现象的存在，社会焦虑现象更加容易使一些人的行为方式失去约束而衍化成群体行为。

其二，社会焦虑现象会不同程度地降低人们对生活的满意度。客观地看，同改革开放以前相比，大多数社会成员目前的“绝对”生活水准已经高出一个量级。但是，由于社会焦虑现象的存在，一部分社会成员往往无暇做出理性的判断，而热衷于同身边更高生活水准者相比，甚至同全社会当中那些公认的生活水准很高者相比，因而对自己的生活水准不够满意，进而不同程度地产生对社会的不满心理。这就为一些有害群体行为的出现积淀了一定的心理基础。

其三，社会焦虑现象会加重或放大人们对于社会问题的不满情绪。普遍存在的社会焦虑现象，以及社会不公正、不公平现象的存在，致使不少社会成员存在着一些不公正、不公平的心理感受；同时又由于网络社会的发展，不少网民能够很方便地将心理焦虑以及不公正、不公平的心理感受广为传播和放大。这样一来，不少社会成员就容易把本来不是很严重的社会矛盾和问题看得过于严重，失去理性价值判断，容易迁怒于他人、他事，容易借题发挥、借机宣泄，进而催生出一些有害的群体行为。这势必会增大社会动荡的潜在能量，对社会的安全运行极为不利。现在中国社会出现的一些“无直接利益冲突”现象当属此类。伴随着社会转型的推进，伴随着社会焦虑现象逐渐弥漫和扩散，群体行为在不断增多。

公务员作为国家政治、经济、社会等各项事务的服务者、组织者、领导者，身处这个大的社会背景环境之中，更加深刻地经受着这些变化所带来的影响。为了更好地驾驭经济、社会、政治的发展，更好地治理社会，公务员需要努力提升自身的执政能力与水平，而这对他们如何处理好自己的焦虑、如何拥有良好的心理素质，提出了新的要求。

二 服务型政府对公务员心理的影响

服务型政府整体来说是一个综合性的概念，简单来说，就是在当前的社会背景下，结合我国现代的经济市场发展，将服务社会和服务公众作为基本服务职能，进一步促进社会发展、建立基于民主政治的政府模型。通过建立服务型政府，不仅可以进一步完善我国社会主义市场经济体制的相关内容，同时也可以促进我国社会民生发展，进一步贯彻我国的科学发展观，促进我国经济可持续增长。

（一）工作岗位责任的压力影响

随着社会各行业的竞争加剧，政府各行政部门的职责要求也日趋严格，政绩竞争加剧，表现为社会效益、经济效益的评比排名，干部个人发展与实际绩效相挂钩等。领导干部问责制、一票否决制、绩效评比考核制以及所辖范围的突发事件预防等，都是每个公务员，特别是部门主要领导必须面临的现实压力。

工作任务重、要求高。随着服务型政府的建设，机构改革步伐不断加快，机关工作日趋规范，对各级领导工作的质量和效率的要求也越来越高。工作标准提高、难度加大，各项工作都要创新，岗位本身的要求也非常多。特别是现在各地区、各系统、各行业、各单位，你追我赶发展经济的竞拼，社会效益、经济效益的评比排名，对干部的工作要求越来越高，工作标准越来越严。

（二）工作权力有限性的压力影响

在当前形势下，公务员经常会遭遇“位置性痛苦”。他们的责任和权力不对称，许多“钢铁般”的任务、“重于泰山”的责任，没有相应的实施手段来保证，常常以有限的权力承担无限的责任，其中有很多已超出了他们的职责范围。而当责任无法履行、任务无法完成时，又要“一票否决”，追究责任。乡镇基层干部常常处于要解决问题却又解决不了问题的矛盾之中，工作压力随之增加。

（三）工作中来自上级领导的压力影响

上级领导工作风格会对下属的工作产生影响，如领导的工作方式方法简单粗暴、要求高、管理严、过多的工作干预、工作安排缺乏计划性等，给下属的工作带来混乱。有时会遭遇长官意志与法律制度的碰撞，我国的法制虽然在不断完善，但离全面依法行政的要求还有较大差距，有的上级领导随心所欲，下达不适当的命令和任务，因此任务不执行不行，执行起来又缺乏法律依据，甚至根本就不符合法律要求。在这些矛盾面前，公务员很多时候感到无力无助又无奈，但又必须去做。这时，他们的心里是不畅快的，是痛苦的，久而久之，心理问题也随之产生。

（四）工作中人际关系的压力影响

人际关系的困扰，特别是来自工作层面的人际困扰，是造成广大公务员心理问题的主要原因之一。社会关系的维系，与方方面面的沟通、协调和应酬，这种人际关系重负使得公务员长期处于心理疲劳状态。无论处在哪一级位置上的干部，都不得不重视营造、平衡和妥善处理上下左右复杂的社会人际关系。

在工作中，公务员主要处理四类关系：第一类，与上级的关系。上级对干部的考核、项目和资金的审批具有决定权，工作中领导难免会和上级产生冲突和矛盾，其压力可见一斑。第二类，与班子成员的关系。班子成员之间可能由于权力、利益等方面的争夺，出现不团结现象，造成关系紧张，这难免会给领导干部带来心理压力。第三类，与下属的关系。现在干部工作要群众评议，干部选拔要搞民意测评或推荐，平时不考虑群众的情绪和人际关系，到关键时候领导就有可能会被打低分。第四类，与公众的关系。公务员是人民的公仆，是为人民服务的，在执政过程中，一些公务员的工作方式和工作内容得不到公众的理解和支持，公务员的工作态度和情绪必然受到影响。

（五）工作中职位升迁的压力影响

根据马斯洛需求层次理论，自我实现的需求是最高层次的，公务员总希望自己的能力和政绩得到上级的认可，能够获得升迁的机会，获得更大的发展平台和空间。但是公务员的职位是金字塔形的，越往上职位越少，升迁也就越困难，所以不能保证每位优秀的人才都能得到施展才华的机会。

（六）工作中社会公众监督的压力影响

来自公众的监督也成为公务员工作压力的源头之一。随着我国社会经济的发展，民众的民主意识、法律意识的提高，公务员在公共场合的一言一行都置于大众的视线监督之下，稍有不慎，便可能引来非议，甚至是挪位丢官。

三　家庭问题对公务员心理的影响

（一）公务员的家庭问题

检验公务员有无纪律性的标准之一就是观察干部在对待家庭问题时能否始终坚持原则。对广大公务员来说，家庭和事业犹如一个天平的两端，轻视或忽视任何一端都会导致天平失衡，可以说家庭氛围直接影响着领导效能和工作实效。

从家庭方面看，困扰公务员的问题主要有：一是家庭氛围紧张，家庭成员关系淡漠。二是家风不正，家庭成员过多干涉公务员的工作，阻碍他们廉洁从政。在我国的行政体制中，公务员肩负着重大的执政责任，不仅要保质保量地完成上级安排的任务、积累晋升资本，还要切实解决人民的问题、全心全意为人民服务，这就导致公务员必然要将大量时间和精力投入工作中。人的精力是有限的，对工作的过多投入，必然导致家庭陪伴的缺失。其带来的显著后果就是无暇照顾年迈的父母、陪伴配偶、教育子女，家庭矛盾越积越多，从而导致家庭关系紧张、冲突一触即发，或情感淡薄、关系冷漠，这种“后院起火”将会额外增加公务员的工作负担。

除此之外，家风不正也会使公务员陷入困境。例如，配偶肆意干预公务员工作的“枕边风”、没有底限宠爱孩子的“溺爱风”，家庭成员利用干部职权谋私利，甚至参与违法犯罪活动的“裙带风”等，不仅导致公务员威严丧失，也会损害党和政府在人民心目中的形象。

（二）营造良好家庭氛围

对干部来说，工作和家庭并不对立，二者是相互促进的关系。相互依赖理论认为家庭成员之间的亲密关系对个体会产生极大的影响，公务员需要家庭的支持。因此，一要合理安排时间，平衡工作和家庭的关系，不能顾此失彼，忽略对家庭的情感投入。当然，情感的投入不是无原则、无限度的，公务员还应把握适度原则，以避免一味满足家庭需求而忽视工作，甚至出现违法违纪情况。二要重视家教。公务员要管好自己、率先垂范，同时也要严格要求配偶、子女以及身边亲戚。要注重对家庭成员的责任教育、道德观教育、家庭美德教育、纪律规矩教育、权力观教育和廉政教育，引导家人树立正确思想。三要重视言传身教，重视家风。广大公务员要经常性地检查整顿家风，坚持家风建设内部用力、外部强化原则。一方面，要主动传承优良家风，严立家规、从严治家，约束家庭成员行为。在家庭内部开展形式多样的活动，营造廉洁自律的家庭氛围。另一方面，要完善家风建设标准，根据实际明确家风建设的内容、要求等，并将家风建设纳入公务员考核评价体系。多方协作、共同发力，将家风建设真正落到实处。

第一章
公务员的心理压力

公务员队伍作为重要的社会人角色，对经济、政治、社会、文化等各方面的发展起着重要的作用。公务员的心理压力问题，作为主观能动性的体现，潜移默化地影响着广大公务员的日常工作与决策。本章分为公务员心理压力的理论基础，公务员心理压力的具体表现，公务员心理压力的成因三个部分。主要内容包括：心理压力的概念界定和公务员心理压力的理论基础，公务员心理压力在工作、非工作和现代技术融入等方面的表现，公务员心理压力的工作体制、非工作和社会文化因素等内容。

第一节　公务员心理压力的理论基础

一　心理压力的概念界定

心理压力的研究已经在许多学科中进行。有部分学者认为，压力是一种“系统适应综合征”，包括三个阶段：警惕、抵抗和疲惫。马森和拉扎勒斯着重探讨了人的生理、心理、社会和文化因素的有害刺激。这两种对于心理压力的概念区别在于医学角度下的应激反应对其病理、生理等的分析和治疗，后者认为，个体因个性不同，对生活事件的不同认知评估将导致对压力刺激的不同心理反应。社会学家斯奈德则认为，压力来自外界的刺激，例如，生活中的突发事件或其他威胁人们正常生活的事件，会导致人们产生心理压力并不断恶化。库珀（Cooper）认为心理压力的出现是由于环境刺激与个体反应产生了某种相互作用。他强调的是环境对个体内在的影响。

综上所述，心理压力的形成是一种包括压力事件、心理和生理反应、情绪状态等复杂的变化过程。但是多数学者都强调心理压力与外部环境之间的联系。压力界定：个体在适应生活过程等外部事件中所表现出来的生理、心理以及行为方面的紧张状态，个体就容易在这种环境下滋生焦虑、封闭、紧张的情绪，从而引发心理压力问题。

二　心理压力的理论模型

（一）国内学者心理压力的理论模型

1. 压力过程理论

从 1980 年开始，在医学领域经常有学者把心理压力当作由各种因素影响的从压力的来源到压力的反应的“过程”，如图 1－1 所示。“过程”是指面对压力时人们对于外部环境的威胁和困境的应对，结果可以呈现出适应与不适应，在压力的来源上可以有文化的、生物的、集体的和生理的，在压力作用过程中，认知和评价具有重要作用。

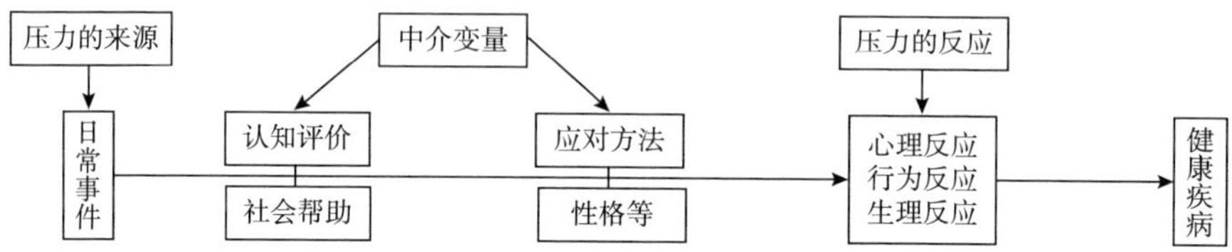

图 1－1　压力过程理论模型

2. 压力系统理论

自 21 世纪以来，全球科研水平在不断提高，技术和设备也在快速发展，我国的心理学者发现心理压力是各种不同的因素互相影响作用的综合结果。构成压力的因素有很多，例如，压力的来源、面对压力时的反应等众多因素构成了压力系统。压力系统中的种种因素相互影响作用，有些又存在着一定的关联，如图 1－2 所示。

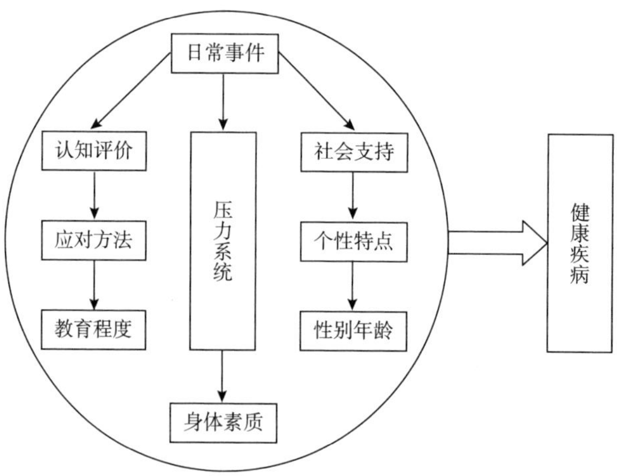

图 1－2　压力系统理论模型

（二）国外学者心理压力的理论模型

1. 压力的 CPT 模型

压力的 CPT 模型是由拉扎罗斯和福克曼等人提出的理论，其中有三个要点：认知、现象学、认知和交互作用。对于心理压力的认知是指找出了个体做出压力反应的直接动因：认识和思想，个体会评价其和刺激物的联系是否复杂，有没有超出承受范围，对健康有无影响。个体压力的评估有三个层次：初级评估、二级评估以及重新评估。

①初级评估注重事物和个体之间的关系，这种评估将事件分为三类：中性、压力以及无关事件。

②二级评估强调判断对事物的认识，了解什么样的状况下该做什么，可以做什么。

③重新评估注重个体自身对于外界信息反馈，在面临困境挑战时，对事物重新评估，来做出合理的调整。

交互作用指出反应与刺激之间的中介变量是交互效应，指出压力不是单一的刺激—反应，同时还涉及人的应变能力、对事物的看法等。压力的 CPT 模型较以往的反应理论以及刺激理论具有进步性。

2. 压力刺激理论

生物物理学家提出了压力刺激理论，重点说明了刺激物是压力的起源。拉撒路（Lazarus）和福克曼（Fokman）提出压力是一种刺激物，强调刺激物引起了压力。从刺激物来源的角度看，既来自个体自身，也来源于外部环境；从刺激强弱的角度出发，刺激越频繁，个体承受的压力就越大；从性质的角度来说，它们具备一定的相似点，例如，无法控制、过量负荷以及冲突。

3. 压力反应理论

压力反应理论最具代表性的人物是汉斯·薛利，其指出了“一般适应综合征”（General Adaptation Syndrome，GAS）模型，此理论包含了三个层次：惊恐、抗拒、力竭。

①当处在第一层次时，个体无法发挥心理的适应能力，也许会出现焦虑、郁闷、慌乱等负面情绪。

②当到了第二个层次时，个体渐渐发挥了心理的适应能力，并且会采用一些办法来排解压力，此时心态会逐渐平稳下来。

③假如人的压力没有得到缓解，并且伴随时间较长，超出了个体的承

受范围，个体就会出现抑郁、颓废以及悲观的心态。汉斯·薛利在探究此理论的过程中还运用了生理参数，例如肌肉的松弛状态等，来评估压力反应的生理指标。

三　公务员心理压力的理论基础

（一）工作—生活平衡理论

随着社会和技术的不断快速发展，现代人的工作和生活节奏越来越快，工作和生活之间的矛盾日益尖锐，工作压力不断挤压现代人的正常生活，每个人都身兼数个角色，在不同的环境下承担着不同的压力，人们对于平衡工作和生活的需求日益迫切。正是在这一背景下，工作—生活平衡理论应运而生。从外部和个体本身两个角度寻找途径缓解人们面临的工作与生活的矛盾，探寻工作与生活两者的平衡，以获得更高的工作满意度和生活满意度。

（二）激励理论

美国行为科学家弗雷德里克·赫茨伯格提出了“激励与保健因素理论”，即“双因素理论”，其中他强调了“激励”因素在个体职业发展中的重要作用，它是激发人力资源潜能的重要途径。从行为学角度看，激励可以通过科学的方法和多样的方式来对个体的心理状态产生正面作用，继而调动起个体对从事的工作和事务的积极性和创造性。激励不仅能改变个体的心理状态，提高工作效率，还能带动整个组织效率的提升，推动组织的发展。因此，科学有效的激励措施也是推动领导干部职业生涯发展的重要因素。

（三）公平理论

20 世纪 60 年代，美国学者亚当斯提出了公平理论，强调比较对公平的重要性，个体不仅关心自身获得回报的绝对量，还更为关心自身获得回报的相对量，并通过比较回报的相对量来确认自身的回报是否公平。每个个体的公平感都是从横向和纵向两方面的比较获得的，横向比较是和在类似工作环境和背景下的其他人进行比较，纵向比较是和过去的自己进行比较。当个体在职业生涯中不断感受到不公平时，其工作积极性会受到极大的打击，影响工作效率和职业价值，创造更为公平的职业环境也就显得格外重要。

（四）理性情绪行为疗法理论

1. 理性情绪行为疗法的假设

人是知识、感情和思想的结合体，这三者的相互作用会导致许多不健康的适应行为。然而，由于个体习惯性地通过情绪表达不良反应，因此对情绪的引导和矫正就成为心理治疗的重点。相反，认知理论却被忽视了。

事实上，由于学习不足或学习失误，个体会产生各种各样的苦恼情绪，这与认知等因素密切相关。因此，在对适应不良行为进行矫正时，应注意个体认知思维因素。通过建立合理的理性信念，克服自己的情绪问题，坚持正确合理的人生观。只有这样，你才能有一个健康的心态，最终使个体的人格得到充分发展。

其一，每个个体都具有理性和非理性特征。当人们按照理性思考和行动时，他们会感到愉悦并成为有竞争力和有效率的人。

其二，理性和非理性的特征人们天生就有。

其三，情感是人们思维的产物，不合理和不合逻辑的思维会引起情感和心理上的困扰。

其四，由于人类固有的生物学和社会学特征，理性思维和非理性思维是同时存在的，这使得人们不可避免地会或多或少地具有非理性思维和信念。

其五，语言是人类独有的产物，是人类的交流工具，是人类进行语言表达和传递思想的工具。如果存在不合理的信念，并不断被语言内在化和反复出现，那么个体就会产生不良情绪，从而造成困扰和问题难以解决。

其六，内在化语言的延续是持续困扰情绪产生的原因，正如埃利斯说的那样："我们持有的思想和情感可能是我们经常不断对自己说的东西"。

其七，人们有主观能动性，可以改变自己的价值观，针对情感和行为可以通过个体自身的努力和思考来重新定义自己的直觉，这样可以消除或改变自我贬低和负性的情绪和信念。

另外一些学者持有不同的观点，如谢克特（Schacter）指出，个体认知在个体人格发展上占有重要的地位，认知对个体的行为以及行为的改变有着非常大的影响。在对个体行为以及行为的改变上要注重个体认知的作用。

2. 理性情绪行为疗法的 ABC 模式

这是将认知、情绪、行为三类元素融合，把握内在逻辑进行辅导的一种实务疗法，该疗法中的认知模式认为，由于人们对事件的知觉差异，其情感和行为会受到一定的影响，这种影响取决于个体对事情的看法或对自己所说的话，而不是将目光放到事情本身上。而这个理念与信念之间凸显的内在逻辑关系，埃利斯（Ellis）以 ABC 理论做了深入的分析，如图 1－3 所示。

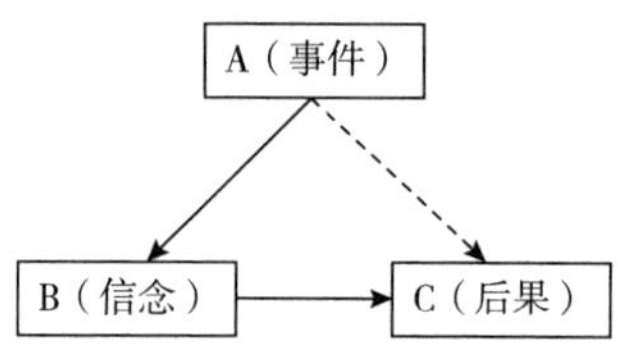

图 1－3　ABC 理论模式

其中模型 A 是 Activating Events 的首字母，代表诱发性事件；B 是指 Belief System，代表个体的信念系统，也就是个体对某件事的态度、观点；C 指的是 Emotional Consequence 的首字母，是个体在某些环境下所表现的行为上或者情绪上的一个反应。通常，人们普遍认为诱发性事件 A 会直接引发人的情绪及行为反应，即 A 导致 C。然而理性情绪疗法则认为 A 不直接导致 C，事件 A 只是导致 C 的一个间接原因，甚至不算是原因，而直接导致 C 的原因是个体的信念系统，也就是个体看待 A 的某种态度和观点。这就是 ABC 理论的内在逻辑。

ABC 理论的内涵本质上是个体的态度和认知的过程。个体的信念会触发情绪，而不变的信念可能会使情绪永远持续下去。那么转变非理性信念，我们可以减少自我贬低的负面情绪。由此可见，只要人们能够理性思考，摆脱各种不合理的信念，他们就能摆脱各种负面情绪的束缚，充满信心地面对生活中的机遇与挑战。

ABC 理论的内涵从本质上讲人的情绪是一个态度、认知的过程，在我们经历某些事件或场景时，由于每个个体的不同信念引发不一样的情绪或者行为的出现，所以我们通过改变信念系统，就可以控制自己的情绪或行为。理性情绪行为疗法就是利用这一特性进行实务工作。

许莉娅在《个案工作》中写道：理性情绪行为疗法与认知行为疗法的基础观点一致，都认为认知对个体的行为有非常大的影响，但是两种实务疗法的理论核心有所不同，理性情绪治疗模式的核心是非理性信念，是分析和解决服务对象心理问题的独特手段，与其他认知行为疗法内容上不同的是，理性情绪治疗法凸显情绪、行为和个体内心的非理性信念之间的联系，而辅导的关键就在于辅导者对服务对象非理性信念的辩论是否有效，当服务对象的理性信念系统建立起来时，形成理性思维，这对于服务对象的意义就不在于仅仅解决了当下的问题，而且对服务对象以后的生活将有持续的影响。以非理性信念的转变而达到辅导目标是这一模式最大的特点，如图 1－4 所示。

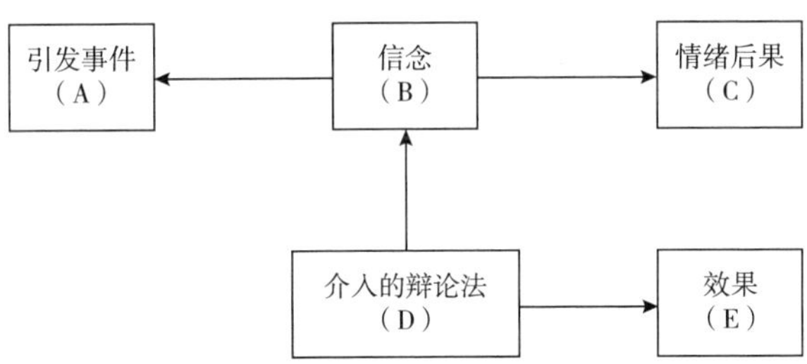

图 1－4　ABCDE 模型

3. 理性情绪行为疗法中的非理性信念

有学者认为，人能创造和改变非理性信念，非理性信念的表现形式为信念的绝对性、不切实际性及不合逻辑性，且被当事人奉为信仰。高刘宝慈认为，人们的非理性信念是可以学习的，因为人是社会人，容易受到周围环境的影响。在人际交往过程中，他们向重要人物学习非理性信念。一般而言，人类通常认为与自己的感知和认知相一致的知识和现象是正确的。这些都是主观的，所以人们不可避免地会有非理性信念。

非理性思想深刻地影响着个体的心理适应能力。埃利斯曾说过："过度思考和极端思考可能会掩盖生活中个体的情绪和行为，但是错误的思考会使得个体生活没有方向和没有意义。"非理性的想法经常引起个体情绪困扰，导致抑郁、焦虑和羞耻，无价值的感觉和其他负面情绪。非理性思想与我们的身体和精神卫生密切相关。这种观点可以从许多实证研究中得出。非理性信念是指对客观事物的理解和想象的扭曲，或者在缺乏合理推理的情况下顽固地认为事物应该或必须是这样或那样的。

在20世纪60年代，埃利斯根据他个人的经验，总结出了以下十一种非理性信念。个体如果在信念系统中有这些非理性信念，会表现出其共同点。具体表现为如下观点。

其一，自己一定要获得他人的认可，更要获得自己关注的人的尊重和认可。

其二，认为人生中的每一个环节、每一件小事上都要做到最好，对待自己的要求追求完美，这样才具有成就感，人生才有意义。

其三，对于世界上任何不好的人、无所事事之徒或者是十恶不赦的坏人，都倾向于无条件对其进行严厉的批判。

其四，抗压能力差，当面临一点不顺心、不如意时，就会感觉大难临头、人生将至终点。

其五，对现实有很强的逃避心理，认为人生道路上有很多的艰辛困苦，自身难以承受责任和压力。

其六，持有外在因素决定论，认为人的不良情绪是由外在环境导致的，人自身无法克服痛苦、改变现状。

其七，时刻警惕和准备着危险事情的来临。

其八，坚定地认为现在的行为后果都是建立在以往的经历上，并且现在的情况没有改变的可能。

其九，对他人具有高度的依赖，认为没有他人依赖就无法生活。

其十，认为人应该十分投入地关心他人，从关心他人的过程中使自己的情感得以寄托。

其十一，追求完美的解决方法，认为人生中的每个问题都应当有精确的答案和完美的解决方法，且会因实际情况的不完美而感到痛苦。

关于非理性信念的理论，埃利斯的观点最为经典，他书中观点都是从理论观点出发，并根据他的观点总结出实务技巧。

埃利斯所总结的非理性信念的分类，得到了学界的广泛认同，有学者再将其根据不同特征进行分类。例如，迪格斯配（Digiuseppe）和哈里斯（Harris）、心理学家韦斯勒（Wessler）根据其特征将非理性信念分成三大类：绝对化要求、过分概括化和糟糕至极。

绝对化要求是非理性信念中最常见的问题，指的是人们以自己的意愿为出发点，认为某一事物必定会发生或不会发生。过分概括化是指以偏概全地下结论，这一类非理性信念的人往往会因为某一次的失败或者因为某件小事就给出一个偏激的结论，比如，一次考研失利就否定了自己的整个人生价值。埃利斯的聪明不能代表他的价值，一个人的价值体现在他的成就或者行为上。韦斯勒认为糟糕至极是一种极其悲观的情绪，持有这一非理性信念的人认为某一不好的事情发生将是一种灾难，让他心理压力增大，内心出现矛盾、焦虑、自责等负面情绪。钱铭怡认为，糟糕的意思是充满负性感情的，如果一个人总是将糟糕透了、糟糕至极的话挂在嘴边，这就意味着当事人认为最坏的事情来临了，且无法改变，是一种灭顶之灾。雷洪认为韦斯勒等人的观点是对非理性信念做出的最简明科学的概括分类，即绝对化要求、过分概括化和糟糕至极。

4. 理性情绪行为疗法的介入过程

（1）四阶段服务模式

理性情绪行为疗法里的核心观点是，人的行为和情绪问题是因为不合理信念引起的，所以运用该理论在实务中，要帮助服务对象把其非理性信念转变为理性信念，最后形成理性思维，从而行为和情绪问题得到解决，达到服务的目标。曾延风认为理性情绪行为疗法在介入过程中大致分为四个阶段，如图 1-5 所示。

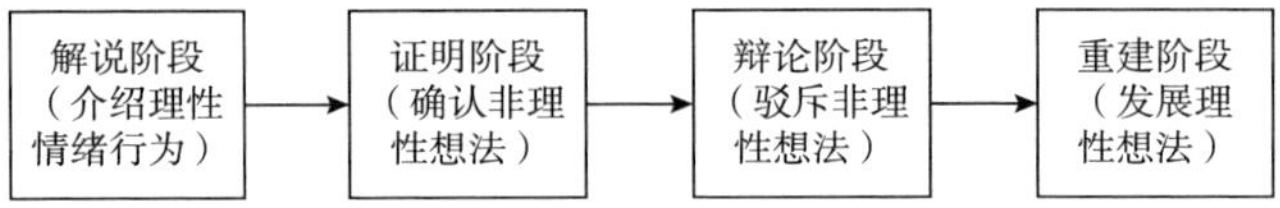

图 1－5　理性情绪行为疗法介入的四个阶段

解说阶段——这是第一个阶段，目的是向服务对象解释，造成其情绪困扰的主要原因是其不合理思维方式或者信念，然后直接或间接地将 ABC 理论的基本原理和内在逻辑向服务对象解释，让服务对象清楚“ABC”三者之间的关系。

证明阶段——服务对象清楚“ABC”三者之间的关系之后，就需要自己介入服务过程中，通过辅导者的引导，让服务对象相信自己的情绪或者行为是因为自己的非理性信念引起的；在改变服务对象不理性信念之后，还要和服务对象一同找出服务对象所持的非理性信念，这就是解说阶段后的证明阶段。

辩论阶段——在找出服务对象的非理性信念之后，就需要对其非理性信念进行辩论，那么本阶段是整个实务服务阶段的核心阶段，这一阶段主要通过辩论的方法，让辅导者对服务对象的非理性信念进行驳斥，帮助服务对象更加清楚自己的不合理信念带来的行为和情绪问题，并让其摒弃自身的不合理信念，帮助服务对象在认知层面发生转变。

重建阶段——这个阶段的主要目标就是确保辩论阶段之后服务对象不合理信念的转变效果，防止服务对象出现“辩论当场信服，辩论结束后回到原点”这种情况；另外，本阶段辅导者需要帮助服务对象学会用理性信念进行问题的思考，建立理性信念体系，最后形成理性的思维。

这四个阶段顺利完成，服务对象的不合理信念造成的情绪困扰或者行为问题将会得到缓解或者消除，服务对象将会形成理性的思维方式，从而行为和情绪问题得到解决，达到服务的目标。

（2）认知—实践介入模式

理性情绪行为疗法为心理辅导的一种实务手法，通过与非理性信念辩论达到目标的服务过程，来使服务对象缓解或者消除非理性信念引起的情绪困扰。根据前文的理论，在理性思维形成后，服务对象会有新的感觉，这样理性情绪行为疗法就由原先的 ABC 理论发展成为 ABCDEF 理论，如图 1－6 所示。

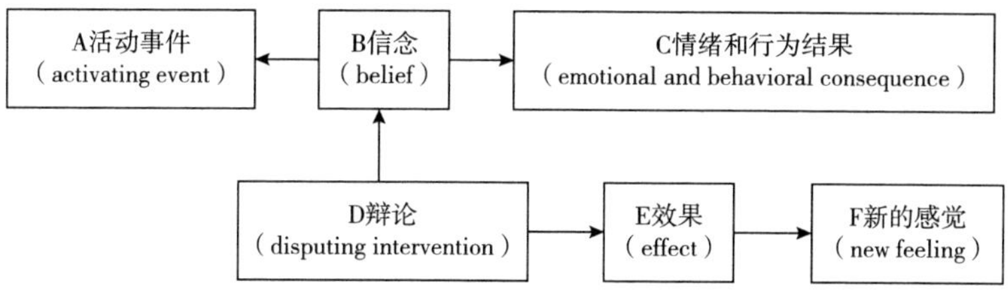

图 1－6　ABCDEF 模型

理性情绪行为治疗法的辅导过程，就变成 ABCDEF 技巧使用过程，也就是在理性思维形成后，再加上对 F（新的感觉）进行控制，减少抑郁和怨恨，带来满足和享受感。

（五）成因类理论

公务员群体是社会的特殊群体，他们承担着重要的社会职责，是联结政府与群众的桥梁和纽带。因此，一定岗位上的公务员，总会承受着不同程度的心理压力。国内不少学者从公务员的工作生活方面探寻公务员心理压力的成因和来源，目前比较有代表性的观点有以下几个。

1. 公务员心理压力的来源理论

公务员心理压力的来源归纳为如下七个方面。

（1）岗位责任。公务员部门岗位职责和政绩、突发重大事件等方面的压力。

（2）工作时间。对于上级部门和下级部门的工作汇报和安排、对于工作计划的制定和实施、日常性的工作等众多需要处理的事情，常常使公务员感到压力。

（3）工作能力。在现代社会经济迅速发展的今天，对于公务员的社会要求和工作能力提出了更高的要求。这些要求给公务员带来了无形的压力。

（4）职位晋升和评优评先。一个单位和部门年中和年终都会进行评优评先工作，会给公务员带来职位的晋升或降低，对于公务员的心理是一个很大的压力。

（5）工作上人际关系的平衡。不同权力的上级部门和平级部门的领导关系，同事之间的人情往来，对于公务员来说也是一个头疼的问题。

（6）难以照顾家庭。公务员也是人，也有自己的家庭，也要对自己的家庭负起一定的责任。但是公务员在单位中的位置也决定了他要以工作为重，这样就会带来家庭和工作的矛盾。

（7）各种诱惑。无论是基层的公务员，还是重要部门的公务员，或是单位的领导干部，手中都有一定的权力，面对来自各方面的经济诱惑、异性诱惑等都会产生心理上的矛盾和冲突，这些都会给公务员带来心理压力和焦虑。

2. 公务员产生心理压力的因素理论

公务员产生心理压力的因素归结为三个层面。

（1）社会层面因素，包括社会竞争加剧、人际关系复杂、工作压力加大、不确定性因素增多等。

（2）职务层面因素，包括领导角色的特殊要求、围绕领导位置的矛盾与痛苦、领导事务的繁忙烦琐等。

（3）个人层面因素，包括童年负面经历所带来的影响、自我人格不健全、支持系统力度太小等。

3. 公务员心理压力形成原因理论

公务员心理压力形成的主要原因归于六个方面。

（1）责任政府背景之下，官员发展的压力越来越大，一些领导干部察觉到工作环境对他们的要求超过其应对的能力。

（2）工作中，他们被迫以某种不喜欢的工作方式在不适应的环境里工作。

（3）在工作环境中失去对工作或人际关系的把握感、控制感时会产生一种生理的和心理的压力。

（4）受腐败牵连。

（5）价值观冲突，经常面临两种截然不同价值体系的冲突。

（6）现实基层锻炼经验太少等。

综上所述，广大公务员心理压力产生根源既有作为“自然人”在生存环境中的各类因素带来的问题，也有作为“特殊社会人”所承担的社会责任、公众形象等各种社会问题所带来的压力。

（六）缓解类理论

公务员心理压力过大对其本人及其组织会产生非常大的不良影响，典型的表现就是生活和工作态度消极，严重影响工作，产生不必要的人际关系矛盾，以及出现情感及家庭问题等，一些人甚至出现失眠等亚健康状态，依赖药物和酒精；更有一些人意志极度消沉，做出自杀等偏激行为。因此，如何有效缓解公务员心理压力，已经逐渐为专家学者所重视，在这一问题上具有代表性的观点有如下几方面。

1. 个体策略和组织策略相结合

（1）个体策略

①明确的认识。首先要明确工作任务，其次要消除完美无缺的思想，最后要寻求社会帮助。

②应对工作压力的对策。与尽量多的同事建立有益的、愉快的合作关系；与直属领导建立特别有效和支持性的关系；要学会理解领导并使领导了解你的问题；减少对琐碎事情的关注。

③提升能力，即让每个人在既有的基础上提升能力。

④学会松弛的技巧。公务员面对压力和缓解压力的方法之一就是要学会张弛有度地工作和生活。

⑤调动工作。对于超出自己能力的工作，可以选择放弃当前工作，继而选择适合自己的工作。

（2）组织策略

①学习培训。要提高员工的专业知识和技能，加强学习培训让他们学会减少和应对工作的压力。

②工作设计。可以进行人员调整、重新布置工作，重新划定任务范围

或改变工作内容，通过进行工作职务分析提高工作职务的明确性。

③建立保健中心。设立保健中心的目的就是让员工有一个适宜的环境调整心理、生理的不平衡。

2. 构建心理压力多层次干预系统

（1）完善干部选拔机制，减少公务员升迁过程中的不确定性因素。增强干部选拔过程中的竞争性、公开性和程序性因素，在干部选拔当中，使用更多的民主推荐、科学测评和入职匹配的方法，使公务员晋升有章可循，从而降低因前途不可预期所造成的压力。

（2）建立多指标的干部评价体系和考核监督机制。建立更为科学的干部业绩评价体系，使绩效考核成为他们提升的主要依据。调整竞争机制满足公务员的成就需要。这在一定程度上可以缓冲公务员的心理压力。把专家型、行政型的公务员区别定位和评价。

（3）以价值观为核心，丰富公务员的培训体系和内容。充分发挥各级党校、行政学院的作用。不仅要培训公务员的政治素质、工作能力，还要提升他们的文化素养，针对他们的生活方式、生活质量和价值观进行有效引导。同时公务员也要根据个人的能力属性，设置更加客观合理的职业目标。防止自己陷入“彼得原理”中描述的“力所不能及”的尴尬状态。

（4）建立网络和电话咨询倾诉平台，提供专业的咨询和心理支持。以安全保密为前提，构建公务员释放心理压力的渠道，并能得到及时和专业的心理干预、支持。

（5）建立与上级领导的谈话机制。定期、有效地与领导交流沟通。能够把工作的若干问题和难点向上级领导反馈并获得上级领导的理解和支持。

（6）委托社会机构，建立心理健康档案和定期检查。针对领导干部本人和专业人员的心理档案，严格保密，建立人道主义的、有效的预防机制，不作组织鉴定或其他任何用途。

3. 缓解心理压力理论

Connor将缓解心理压力的方式分为“第一层次，包括意在获得对环境和个人情绪的控制感的积极应对努力，将其称为初级控制应对；

第二层次，包括适应情境的应对努力，主要是通过重构认知策略、接受或通过积极的想法或活动进行情绪控制应对，称之为次级控制应对；第三层次，指试图回避压力源和个人情绪的应对反应，称之为不参与应对。”

用学习和体育锻炼来应对新旧文化更迭带来的心理不适，用“休闲疗法”增加生活情趣，以“厌恶疗法”抵制诱惑，用“森田疗法”平衡理想与现实的矛盾，以“自主训练法”“自我暗示法”提高自我效能感，以“格式塔疗法”提升人生境界。

4. 建立全方位的社会支持网络系统

通过建立社会支持网络系统，有效缓解领导干部的心理压力。所谓社会支持网络，是指由一些个体组成的人际关系网络。在这个网络中，经常有互助性的活动和人际交往，在交往和活动中，个体的重要的心理需求得到满足，从而达到抵抗压力、缓解紧张情绪的效果。

在同样的工作环境条件下，有人体验到很大的压力，是因为缺乏一个温暖的人际关系网络，他们的生活是孤独的，与周围的世界是隔离开来的。成就动机特别强的人，独立性很强的人，或者不善于与人交往的人，常常不能与朋友和同事建立亲密的人际关系。缺乏亲密的感情交流，个体在压力情境中很容易体验到愤怒、焦虑、孤独等情绪。社会网络支持可以很好地解决这一类问题。组织建立社会支持网络，最常见的方法就是团队建设，其中包括人际关系技能等一系列训练。通过团队建设，让领导干部建立起亲密的人际关系。社会支持网络可以包括同事、上司、下属、家庭成员、朋友等，而社会支持活动可以采取多渠道、多形式全面展开。

综上所述，结合专家学者提出的理论和方法均主要从两个方面着手来缓解公务员的心理压力：一方面是尽量改善公务员的外部环境，包括工作环境和社会环境，减轻外界刺激带来的压力；另一方面则是着力提高公务员自身的心理素质，学会心理的自我调节以应对压力。

第二节　公务员心理压力的具体表现

一　工作表现

（一）疲劳感趋强

公务员心理压力的表现之一就是在工作中随着工作量和工作强度的加大，会时常感到疲劳，工作和生活没有规律，陷入身体和心理透支状态。公务员的疲劳感主要表现为如下“三多”。

1. 各种检查多

不论是年度考核，还是季度督查，不管是综合检查，还是单项工作部门检查，一个县里面主要领导、主管领导、分管领导都要去陪同，否则表示不重视，考核达标、检查过关就要掂量掂量了。

例如，年底的各类经济指标考核、干部年度考核、部门的分项业务考核、各类重点工作的目标管理考核等，由不同的政府及其他机关部门牵头，基本上走相同的程序，但需要不同的文字汇报和现场准备，令许多领导干部感到厌烦。可又不能不重视，因为此类检查都涉及领导干部一年的工作成绩和进退流转，许多还是“一票否决”的对象，检查中多种不稳定的人为因素令接受检查的领导干部如履薄冰、战战兢兢。

2. 各种应酬多

交通的便利和接待大环境的影响，兄弟地市单位、不同部门的学习走访，再加上许多私人活动，让各县市区的领导干部在工作之余还陷入“迎来送往”、杯盏交错的应酬之中。有位县委常委抱怨说，他最多的一次“跑场子”是一次中餐吃八顿，结果是中午既没休息好，又没有吃饱，苦不堪言。还有一位旅游区的常委给我们算了一笔账，作为旅游景区，一年到头各地的领导干部因公因私到该景区的人数非常多，仅中央和省部级领导就接待了1000余次，平均一天三次，按每次陪客人喝一两酒算，一年这个人就消费了100斤酒，令其身体不堪重负。

3. 各种“作秀”多

部分公务员反映，当前有些上级领导和部门存在“口号情结”，动不动就搞“数字工程”和“学教活动”。而这些“口号”和所谓的“工程”往往是概念有余，内涵不足，执行者既无奈又没有办法。加上每年的学教类活动口号虽不同，但程序一致，上面高度重视、要求严，而下面怨声载道、抵触情绪多，让单位的负责人和分管领导无所适从。上面的学教类活动开展是政治任务，而下面的干部群众却认为是劳民伤财、搞运动、搞形式，明里或暗里抵触情绪大，这就是让许多干部既要完成上面的规定动作，还要安抚下面的干部群众，在主动流于形式或被动流于形式的情况下完成自选动作。

（二）压力感较大

对于县处级领导干部，他们心累甚于身累，压力较大。这些压力既有经济发展、社会稳定、安全生产等工作职责带来的压力，又有人民群众企盼好生活、好干部、好作风的社会压力；既有上级领导和组织的高要求高标准的压力，又有来自家庭做好儿子、好丈夫、好父亲的家庭压力；既有横向比较上的“本领恐慌”“能力危机”的压力，又有纵向比较进步太慢的个体升迁、政治前途的压力。现在的领导干部与20世纪七八十年代的干部相比，身累少了，心累多了。

（三）焦虑感突出

一是个体能力方面。尤其是年轻干部，担任领导职务时间不长，缺乏驾驭工作局面的经验，担心工作成效不明显会影响上级领导的看法和群众的信任。

二是社会稳定方面。包括涉法涉诉的各种案件、城市征地拆迁、下岗职工安置补偿不到位等引发的上访事件。由于现行的行政管理体制等原因，上级政府把进京赴省上访的事件作为考核地市级领导工作的一项重要内容，牵扯了县市区领导干部的很大精力。

三是安全生产方面。生产安全是一条“高压线”，不出事则已，出事就涉及人命，是大事，没有任何领导干部敢掉以轻心。一位主管安全生产的领导表示：“只要不管安全生产，无论管什么都行。”

（四）外强中干矛盾突出

“外强中干”引自《左传·僖公十五年》，泛指一个人外表强大而内心却空虚。在公务员队伍中领导干部是单位发展的中坚力量，领导干部需要刚柔相济，但是有的领导却外强中干，不能脚踏实地、勤恳务实，只会高谈阔论、纸上谈兵，这严重阻碍了单位的平稳进步、有序发展。

1. 做事态度硬

外强中干者最典型的表征就是说话做事态度极其刚硬，其本质成因在于内心极度想要表现自己能力超群，同时又畏惧因能力短板或者性格缺陷而遭到众人耻笑或者非议。具体而言，主要有以下两个常见弊病。

其一，固执己见。由于外强中干型公务员会把他人的劝诫当作对自己的反驳，把他人的谏言看成对自己的排斥，内心的敏感与脆弱会使其产生强烈的抵触感与防御心理。因此，无论是在管理中，还是在下达命令时，这类公务员会过分强调自己的主观意见而较少考虑他人建议。

其二，信口开河。除在内心不能接受他人的建议外，外强中干型公务员还会因为要极力维护自身的高大形象而夸下海口，凸显自身的超群实力而信口雌黄，竭力想要通过生硬的态度来告知他人自己是一个“实力派”，给他人塑造一个“我能行”的积极形象，以便博得充分的重视和敬重。

2. 能力不足

倘若公务员真的身怀绝技、学富五车，那么其口若悬河是可以理解的，毕竟真才实学能够支撑其话语的分量。但遗憾的是，有些公务员完全只是为了隐匿自身的短板与不足而故意彰显出理直气壮，如此一来，在现实工作中便会逐渐显露出其“外强中干”的能力缺陷。

一方面，小事办不好。心不稳、心不静是外强中干型公务员的通病，心浮气躁的秉性会使其做事不细心、无耐心，最终因不注重细节而造成工作失误；急于求成会使其做事不踏实、不务实，最终因基础不扎实而导致工作错误。

另一方面，大事办不了。事实上，外强中干型公务员的典型特征还在于其实力远远不能匹配自身的雄心和壮志，即这些公务员信誓旦旦立下了宏伟目标，却没有足够的能力支撑其顺利完成，这不是态度问题、素养问题，而是缺乏“能做事、做成事”的真能力、真实力。

3. 面子架子大

对于外强中干型公务员而言，虚荣可谓其性格的典型特征。除要求下属和同事对其毕恭毕敬、言听计从以外，这类公务员还特别重视掩盖自身的弱势和不足，通过精致包装和修饰以突出自己的位高权重和“励精图治”。

一方面，不懂装懂，故作高深。在工作上，这类公务员总是表现得智慧高深、见多识广，实际上，其对有些知识可能只是略懂皮毛，唯恐风头被别人抢去而在意见表述时侃侃而谈，畏惧被他人认为能力一般；而在总结点评时佯装专家，以致在交流讨论时只顾自己的面子而不顾及他人的感受。

另一方面，空喊口号，事务主义。外强中干型公务员还会表现出典型的官僚主义，尤其以事务主义更为突出。在制定单位的发展计划时，为了能够快速完成发展指标，这类公务员会在初期策划中把工作内容安排得满满当当，但深究就会发现诸多方案和任务都是重复性的，只是在一味地堆砌数据指标以掩盖实力不足罢了。

4. 执行动作慢

虽然外强中干型公务员常怀满腔抱负、常有壮志豪情，对自身和单位发展都满怀“大踏步”“走快路”的奋斗热情和拼搏激情，但由于其在根源上缺乏切实解决问题的能力和实力，以致在任务布置和工作落实的时候会出现“慢、散、乱”等问题。

其一，心高气傲，实干不足。外强中干型公务员在面对发展任务时，习惯性偏重宏观布局和长远规划，常用搞特殊、搞特色来凸显自身形象，很少立足实际、扎根基层，以“不积跬步，无以至千里”的态度把发展基础打牢、底子夯实，结果常常“捡了芝麻丢了西瓜”。

其二，缺乏担当，偏好推卸责任。由于外强中干型公务员极度渴望被关注、被认可，所以在接受上级任务时会表现得十分积极，但也正是由于其过度看重工作任务的成果与绩效，对于不能及时落实的工作、没有妥善处理的事务，便会想方设法把责任转嫁到他人身上，如此一来，下属和同事便不会再与之和谐相处，便会形成一个拖工、误工的死循环。

二 非工作困扰

公务员是由组织赋予权力，在工作中起到把控方向、组织协调、资源分配等关键作用，公务员的好坏关系组织运行效率，影响组织在人民心目中的形象，攸关国家事业的成败。但在实务工作过程中，公务员不仅面临着工作本身带来的困扰，还要面临各种非工作因素带来的困扰。如今，人们往往就工作谈工作，而忽略非工作因素保障作用的发挥。对此，从现实层面关注非工作因素对领导干部造成的困扰，从理论层面进行追问并提出消解之道，对于促进公务员个体发展和组织目标达成具有理论和实践双重意义。

（一）人际关系困扰

在科层制组织中，公务员是一个相对的身份存在，特殊的角色定位以及由此异化的人际关系是广大公务员干部需要面对的第一重非工作因素困扰，这种困扰较为鲜明地表现为工作中与上级、同级、下级的人际关系问题。

其一，上级领导的压力。层层传导的压力型体制需要广大干部对上级负责。在当前的晋升选拔模式下，上级领导的推举建议分量极重。特别是基层领导干部，晋升渠道窄，晋升机会少，在日常工作中根据上级领导的指示办事是开展工作的重要选择。一般情况下，根据指示办事有利于上下同心、高效地完成组织的既定目标。但是，一些上级领导可能因权力寻租而向下级暗示违反原则的事情。为了防止日后上级领导给自己“穿小鞋”，或者希望得到晋升机会，面对上级不合理的隐性暗示，下级常常是哑巴吃黄连——有苦说不出。

其二，同级的请求。与同级的关系虽不像上下级关系那样需要谨慎应对，但大家在同一空间办公，低头不见抬头见，碍于面子不好推辞，且日后难免需要别人帮忙，拒绝其要求会造成同事关系紧张，相处尴尬，可若应允其不当要求不仅违背公开、公平、公正的原则，还可能会导致今后此类事情层出不穷。于是，领导干部左右为难，陷入两难境地。

其三，下级的请托。一些人为达到目的，以车子、房子、票子为条件请领导干部用手中的权力为其谋私利。领导干部应对下级请托的难度和考验更大。请求人千方百计抛出诱人条件，若此时立场不坚定，过不了权力关、金钱关、美色关，就会丢失党性原则，轻则挨批受罚，重则违法犯罪；若是铁面无私地拒绝，又会引起下级不满，挫伤下级工作积极性，不利于上下级良好关系的建立和今后工作的顺利开展。

（二）自我心理困扰

近年来，随着经济社会的发展，党和国家的事业不断向前推进，对公务员的素质、能力等提出了更高的要求。面对激烈的职场竞争、繁重的工作任务以及突发性公共危机事件，一些公务员在工作中承受着巨大的压力。公务员若不能及时调整身心，释放情绪，很容易出现焦虑、抑郁、浮躁、攀比等心理问题，甚至会导致精神崩溃、轻生。公务员因无法调适自身心理，造成的困扰表现在工作乏力、心理焦虑、心态失衡、自我放纵以及自设藩篱等方面。

例如，有些公务员认为自己在岗位上兢兢业业，但是所获报酬与付出不成比例，对照社会发展催生出的一批批富人群体容易心理失衡，对工作消极懈怠，逐渐丧失了为人民服务的初心。又如，部分公务员处于“高压”职位，长期神经紧绷、高度紧张，易产生焦虑情绪，导致神经过敏。再如，一些公务员不注重学习，面对复杂的工作力不从心，从而导致自我放纵，对待工作敷衍了事，处理问题积极性低，工作后劲明显不足。

第三节　公务员心理压力的成因

一　个体因素

（一）个体修养失调

巴纳德在《组织与管理》一书中对领导需要具备的品质做了详尽的解释，领导者必须有某种道德规范，表现出承担责任的高度能力，能在他人身上创造出一种道德力量。中国共产党之所以能够带领中国人民实现从站起来到富起来再到强起来的伟大飞跃，正是因为锻造出了一批又一批有理想、有道德、有能力的人民公仆。

革命战争年代，特殊的环境使广大干部能够时刻保持同人民群众的血肉联系。但是随着社会经济的发展，各种诱惑越来越多，有的干部未能及时改造自己的主观世界，自我认知失调、纠偏能力不强。部分干部在应对非工作因素困扰时道德修养意识淡化，丧失马克思主义的基本立场，未能保持党的光荣传统和艰苦奋斗的优良作风，自我瓦解、自甘堕落、自我放纵。一些干部学法观念缺失、守法意识淡薄、用法能力欠缺，不能始终将法律标准作为为人处世的第一价值考量，非但没有成为尊法、学法、守法、用法的模范，反而带头触碰法律红线。

（二）权力运用失范

一是权力配置不科学。高度集中的权力，在一定程度上有利于领导干部总揽大局、协调各方。但是当权力过分集中又缺乏有效制约监督时，一些公务员就容易利用手中的权力违规操作。

二是权力运行不规范。一些公务员大权在握。权力运行无规则、无章法。权力行使带有明显的个人倾向。在缺乏有效制约监督的情况下，权力运行不透明，导致暗箱操作，滥用权力。

三是权力监控不到位。公务员的权力制约弱化，所拥有的权力与所受监督不匹配。公务员权力最大，但其受到的监督最少，制约监督的整体效能在其身上弱化。

二　社会文化因素

（一）公务员身份角色认知不清晰

一方面，受传统官宦文化观念影响。“书中自有黄金屋”“书中自有颜如玉”，一些人通过自身努力考上公务员，当上领导干部，认为走上仕途、当了官就可以为自身谋取利益。更多时候，以明哲保身为价值准则，圆滑处事，敷衍塞责，不好好为人民服务。

另一方面，对自己作为公务人员、干部身份的角色职责、规范和价值观认知不清楚，尤其是面对改革开放过程中出现的东西方文化碰撞、利益勾搭和扭曲的人生观，出现迷茫与失范，或者故意选择对正确价值的遗忘。致使现实角色扮演中，有些干部为维护自身利益而惧怕深化改革、全面改革，工作中形成拖拉、作假的不良作风，甚至为自己谋取私利、乱作为等，与为人民服务、争当改革排头兵的行政规范和人民的角色期待相违背。

一直以来，在广大人民群众心目中形成了“政治精英”意识，认为公务员是当前社会，至少是本地方的精英。不少公务员也流露出某种优越感，认为自己在这方土地上，摸爬滚打多年，能够从众多竞争对手中脱颖而出，不是千里挑一，至少也是百里挑一。身居要职的公务人员既要面对来自发展、责任、社会、家庭的各种压力，还要维护自身形象。

公务员不是独立的个体，必然要面对亲情、友情等各种人际关系。公务员认为，处理各种人际关系最为苦恼，无所适从。这是各种亲情、友情、爱情、官场错综复杂的人际关系所造成的。加之对于公务员的各种民主测评，公务员的趋利心理也使得他们陷于无奈困境。“最怕的是有些事做了，但又得不到上级的理解和支持”，一位县委副书记说这句话时，表情很无奈。

（二）公务员缺少责任和担当意识

从社会文化视角看，个体在社会中接受和习得社会文化，由生物人转变为社会人。文化具有完善人格、维系社会共同体、推动个体发展和社会进步的重要功能。文化的统一和延续是社会良性运行和协调发展的重要条件，能促进社会进步。爱因斯坦也曾说过，“个人之所以成为个人，以及他的生存之所以有意义，与其说是靠着他个人的力量，不如说是由于他是伟大人类社会的一个成员”。

我国经济发展进入新常态，面临重要的发展阶段和发展任务。在此过程中，部分公务员没有认清现实形势，没有正确把握个体与社会的关系，忽视或否认社会性是人的存在和活动的本质属性，忽视了个体性与社会性的统一关系，忽视了个体需要与社会需要的统一关系，不能正确认识拥有个体权利与承担社会责任的统一关系。这就导致在实务工作中，一些公务人员出现党性修养滑坡、宗旨意识淡薄、价值观念扭曲等现象，外在表现为一些不良的行为模式，不把全心全意为人民服务放在首位，我行我素、只考虑自己、损害社会利益。

社会群体是人们生存与生活的基本载体，工作单位就是一个次级社会群体。群体运行中，同一的行为模式和文化认同形成了被成员接受并认可的群体规范，它在一定程度上约束成员的行为。一旦有偏离主流的亚文化认知形成，则会带给群体其他成员一定的压力，使之不断被模仿、暗示，从而形成不良风气。在同一工作单位中，公务员慵懒的思想，不作为、乱作为，并凭借职权谋取私利，就会使其他干部效仿，引发更多的干部成员懒政怠政。一旦群体内成员都默认这种亚文化模式，即使有个别干部想有所作为，也会被排挤至群体边缘。

（三）公务员缺少外部监督

外部监督低效是当前监督失效的主要表现之一，外部监督低效主要是因为异体监督的瞻前顾后和群众监督的隔靴搔痒。异体监督是指借助外部力量（人大、政协、民主党派等）监督权力主体，从而避免自己监督自己尴尬局面的出现。但实际上，其实践效果并不理想。在监督过程中，有些监督主体权力有限，甚至需要公务员为其提供支持，瞻前顾后的心理负担降低了监督主体监督的积极性、弱化了监督效果，并没有对公务员形成一定的震慑力。当然，目前群众可以利用新兴网络技术和自媒体平台以及传统的信访、检举等方式表达利益诉求，监督公务员的实际工作。这些形式在一定程度上能够对权力运行起到监督作用，但是表达渠道有限、表达方式不规范以及纪检单位无法及时、准确地倾听群众呼声并快速有效地处理，是导致外部监督低效的变量。

第二章

公务员的心理健康

公务员作为党的执政者和服务者，是人民的公仆和国家的骨干，肩负着维护一方稳定、发展一方经济的重任，在推动经济社会发展中履职尽责，发挥了重要作用；但是，面对日益突出的矛盾和繁重的工作任务，各种因素导致的公务员心理问题也逐渐呈现。 本章分为公务员心理健康及其重要性、影响公务员心理健康的因素、公务员常见的心理健康问题、公务员心理健康状况的自测四部分，主要内容包括心理健康的内涵、影响因素、公务员心理健康问题的表现等方面。

第一节　公务员心理健康及其重要性

一　公务员心理健康的内涵

相关数据显示，从宏观来看，我国公务员心理健康水平总体良好，但是领导干部与非领导干部相比，在某些方面还存在一些问题。领导干部和非领导干部所从事的工作不同、承担的社会责任不同，加之受自身心理特征的影响，领导干部感受到更多的压力，导致更多的心理负担，对自身的心理健康造成了一定的影响。

另外，公务员的躯体化趋向明显升高，广大公务员长期承受着工作和生活压力所带来的精神负担，导致身体和心理均处于亚健康状态，部分公务员出现消极工作、内心恐慌焦虑和抑郁的负性情绪以及人际交往变得敏感等心理健康问题。如果没有正确的心理疏导，会给工作、生活、人际关系、身体健康和心理健康带来无法逆转的伤害。

综合以上定义，公务员心理健康，是指公务员在履职尽责过程中表现出来的应有的健康心理状态，其表现是热爱工作、乐观开朗，工作主动积极，幸福指数高。心理健康是公务员综合素质高、全面发展的重要标志，也是提升公共管理服务水平，实现国家治理能力和治理体系现代化的重要标志。

二　公务员保持心理健康的重要性

只有公务员队伍健康了，才能谈和谐、稳定和国家的健康发展。谈构建和谐社会，首先是公务员队伍的和谐；谈发展，首先是公务员队伍的发展；谈稳定，首先是公务员队伍的稳定。没有公务员的心理素质和健康水平的提高，就不可能有政府整体执政能力的提高，也难以有政府机构的快速、高效、健康的运作。可见，公务员队伍的整体心理健康水平，直接制约着党和政府执政方式、执政效率及执政水平的提高，关系整个公务员队伍内部的和谐，影响政府机构快速、高效、持续、健康的运转，也事关公务员的成长和进步，事关党和国家事业的发展。

公务员健康的心理是加强党风廉政建设的现实需要。分析已经查处的一些贪腐记录，虽然犯罪违纪内容形形色色，但深入探究其违法乱纪的主观原因，大多数公务员有不同类型的心理问题在作祟。为此，应加强公务员心理健康教育的力度，普及心理健康知识，提升心理素质，对公务员面临的各种压力及时进行疏导，警示并关怀他们的心理健康状况，提高公务员应对各种危险和诱惑的心理素质和能力，增强公务员自身反腐倡廉的免疫力。

公务员健康的心理是促进自身事业长远发展的需要。健康的心理是工作、生活全面发展的基础，是广大公务人员把握角色、履行职责、取得业绩的重要潜质，更是担当大任的重要心理品质。当前社会正处在心理问题的高发期，特别是处级以上领导干部，社会往往给予其比一般人更高的标准和要求，在竞争和考验中遭遇挫折时更容易出现自我否定现象，进而引发一系列负面情绪，导致心理问题产生。因此，加强这些公务员队伍的心理健康培训，使其具有助人自助的能力，对于公务员自身的成长和其事业的发展都具有重要意义。

三　公务员心理健康服务体系的建设

（一）政策层面

在政策层面上，把心理健康教育纳入公务员干部培训网络系统、机关干部党群部门日常教育培训工作中。近年来，中央部委相继出台了一系列关于加强心理健康服务体系建设的文件，这些文件对于干部健康教育起到了重要的推动作用，但在操作执行中，还多停留在政策理论指导层面上，政策普及层次还不深，基层干部受益面还不广，尤其在培训教育工作中，还需要更加具体化、明确化，增强可操作性。从干部教育内容来看，心理健康教育虽然属于干部教育的重要内容，但并不等同于一般意义上的干部培训活动。心理健康教育的专业属性决定了其并不是人生阅历或感悟所能完全替代的。

由于心理活动的隐蔽性和多样性，有的咨询活动属于个体心理层面，对咨询的标准及方法技术要求高，对咨询环境要求也相对特殊，一些测评咨询结果还需要保密。这就要求在开展这项重要活动时从专业技术的角度进行设计考虑，除了专业师资力量，课程内容设计及时间安排也要因人而异，同时还需要专业机构平台给予支持。目前，全国干部教育系统培训网络建设发展迅速，但在内容建设上还缺少比较成熟的公务员心理健康教育课程体系。在培训管理中，一些培训机构的心理健康教育职责还不明确，开展公务员心理关怀还不够充分。

在培训机构能力建设上，还缺少相应的正规化的心理训练中心，开展心理健康咨询训练的经费投入还严重不足。为此，需要进一步细化公务员心理健康服务的政策，建立健全制度，逐步完善工作机制。设立心理训练中心和配备心理健康专职教师、组建和培训兼职心理辅导员队伍，在各级行政单位内部设立干部心理减压室，引入第三方心理顾问服务，对干部进行定期的心理健康检查及干部心理疗养等进行明确的政策规定，同时明确各单位具体的负责机构和专项经费支持，确保领导干部心理健康服务工作有据可依、有序开展，真正把新时代党对各级公务员的关心关爱落到实处。

（二）执行层面

在执行层面上，依托并发挥各级党校的干部教育培训资源优势，把平台建设与咨询教育能力提升紧密结合起来。发挥党校密切联系各级领导干部的独特优势，建立起以心理训练中心为依托的公务员心理健康研究基地，开展分级分类的调查研究和针对性的理论应用研究，形成真正贴合公务员需求和促进他们心理生态优化的心理健康研训体系。通过大样本问卷调查研究、实地观察、座谈访谈等方式，加强对公务员心理健康问题的深入研究，尤其要开展心理健康与心理异常问题的比较分析，从中查找主客观原因，由此提出具有针对性的教育指导意见，并开发能够满足个性化的干部心理需求的课程内容，制定具有针对性、可操作性的心理培训教育课程体系。

建立全国各级各类干部教育机构心理训练中心的联动机制，加强数据信息共享，编制《中国公务员心理健康蓝皮书》，明确干部心理健康教育目标任务，围绕高素质专业化的具体要求，把心理健康教育成果与干部素质提升、能力培养、选拔考核、监督管理、激励奖惩等相互融合，共同塑造积极向上、奋发有为的良好组织氛围，提升组织影响力与战斗力。加强与国内外政府机构、培训公司的合作交流，每年开展全国基层干部心理健康诊断调查，汇总调查报告，把科研交流合作与公务员心理健康事业发展紧密结合起来。

（三）课程内容设计

在课程内容设计上，以领导角色为抓手，增强公务员心理健康服务的针对性和实效性。公务员既是平凡人中的一员，也是不平凡的重要职场人，既担当着普通人的个体角色，也扮演着重要的政治角色、社会角色与组织角色。如何把政治角色、职业角色、社会角色、公众角色、个体角色等行为特征贯穿于课程内容体系中，使公务员能够感受并真正体验到自我个体心理如何与组织心理、社会心理、职业心理和谐发展，是课程设置的目标要求，也是课程教育内容的难点所在。开展公务员心理健康教育，维护健康积极的职业心理行为表现是主线，在此基础上把政治要求、社会期待、公众需要等通过公务员的履职从政行为活动充分表现出来，对于增进公务员的心理健康水平是至关重要的。

在现实中，我们也不难发现，公务员的心理问题多数是从不知如何扮演并体现职业角色开始的。不知道如何扮演自己的角色，不知道如何履行职责使命，造成了许多公务员的困惑和压力。有的公务员能够明确自我角色，“舍小家为大家”，把职业角色、政治角色放在第一位，妥善处理好各种心理冲突，增强自我心理承受力；有的公务员则把个体角色无限放大，忽略了政治角色、公众角色与社会期待，造成了各种心理矛盾，甚至出现心理问题。因此，应把公务员角色作为开展广大公务人员心理健康教育的重点，由此设计出领导行为塑造、领导压力管理、领导形象维护、领导团队建设等课程结构体系。这对于深化公务员教育培训工作是非常必要的。

（四）服务能力

在服务能力上，借助现代人才测评方法和技术，开发公务员心理健康评价工具，提升广大公务员心理健康教育咨询服务水平。

心理测评作为现代人才素质测评方法之一，在人才遴选评价中占有重要位置，其标准化、规范化、专业化的技术手段和对心理健康状态水平的准确诊断，对于开展心理健康教育咨询具有独特且重要的价值和作用。开展公务员心理健康教育，首先要深入了解并掌握公务人员心理健康发展水平，并对其心理问题症状进行预测、诊断和分析。从以往的经验来看，早期的心理测评多数运用于教育、军事等特殊行业领域，以选拔专业岗位、特殊行业所需要的专业人才。

随着社会经济的发展，现代人才素质测评工具更加丰富，适用范围更广，已成为政府、企业、金融行业以及社会咨询服务机构开展人才招聘选拔的一项重要测评手段。针对公务员的心理健康素质测评至今还处于不断探索阶段，许多测评工具还需要进一步修订完善，适合中国领导干部特点的心理健康测评标准体系还没有建立，对现代计算机网络技术工具的运用还不够广泛，无形中影响了心理健康教育咨询活动的深入开展。

在此需要强调的是，公务员心理健康素质测评，与传统意义上的心理测评有显著的区别。传统的心理测评多是对某种心理行为特征的捕捉与描述，对眼前发生的心理活动借助工具技术进行初步的诊断分析，是一种静态的评价。但对于公务员心理健康素质测评而言，由于公务员所处环境的复杂性、他们成长路径的差异性和工作岗位的特殊性，仅靠单一的心理测评结果难以完全对公务员的心理素质及其健康水平状况做出客观准确的评价，这就需要从动态的角度对公务员的心理健康水平进行考察分析，从中寻找其深层次的原因，否则，若采用单一的测评量表或问卷来解释复杂的公务员行为，难免会牵强附会。现代人才评价方法已摆脱单一的测评方法，履历评价、面试访谈、个案分析、风格测评、业绩能力考核等都发挥着各自独特的作用。

开发公务员心理健康测评工具，要广开视野，把组织环境、社会文化、行业特点、岗位性质、身心状态等内容纳入公务员心理健康评价体系之中，采用大数据分析方法，建构中国公务员心理健康素质模型，并由此开发出与公务员心理健康发展相适应的测评工具，力求评价客观准确。开发中国公务员心理健康评价工具，还需要做大量基础性的研究工作，从中央到地方乃至基层都要倡导广泛深入的干部群体心理问题调查。这是一个重要的基础环节，要防止对国外测评工具的随意借用、修订，尤其要防止对测评诊断结果在解释分析上不求甚解；同时，在公务员心理健康教育咨询中还要杜绝急功近利的倾向。

（五）能力建设

在能力建设上，以提升专业团队能力为重点，以培育非专业团队为目标，着力增强心理健康服务的整体实力。专业的事情应由专业的人来干，做到人事相宜，这是人力资源能力建设的基本要求。心理健康教育的专业性与特殊性，要求建设一支素质过硬的专业人才队伍，这是建立公务员心理健康服务体系的人才支撑。

从现实的角度而言，目前公务员教育培训工作已经积累丰富的经验，优质的师资队伍、良好的环境设施和丰富的教育培训资源已成为全国公务员培训机构的显著特色。但在具体的心理健康教育专业人才队伍建设上，还远远满足不了公务员教育培训的基本需求。大量的培训课程需要心理学专业人才，但党校系统适合开展心理健康教育培训咨询的专业人才缺乏，存在捉襟见肘的现象，许多心理健康培训活动是依靠外请专业人员协助完成的，且受课程内容、时间、场所的限制，其无法与公务员进行深入的交流沟通，使得公务员长期存在的心理问题依然没有得到及时发现和有效疏解。

从党校师资队伍结构组成来讲，政治、经济、法律、社会、哲学人文等学科的专业人才都比较齐全，各个专业领域的教研室平台建设也相对完备。相对而言，虽然心理健康教育是最需要关心、重视的领域，但也是培训体系里最容易被忽视的方面，导致全国公务员心理健康教育咨询专业人才寥寥无几。

为此，需要从公务员培训事业的发展目标着眼，致力于培养公务员心理健康教育专业力量，增强心理学科影响力，提升心理健康教育服务能力。同时，积极鼓励支持党校系统非专业人才跨界发展，有计划安排一些有兴趣、有能力的教师参加心理健康专业知识培训，着力打破学科专业界限，增强心理健康教育工作的整体实力。

（六）心理支持

在社会心理支持上，登高望远，开阔视野，把广大公务员干部心理健康教育服务体系纳入社会整体健康服务体系建设之中。培育自尊自信、理性平和、积极向上的良好心态是党的十九大确立的基本目标之一。公务员群体作为社会大家庭的重要成员，在构建健康积极的社会环境中起着举足轻重的引导作用。为此，要从党和国家事业发展的高度看待广大干部心理健康教育的重要性与紧迫性，把公务员心理素质纳入干部教育整体目标当中，致力于推进公务员的心理能力建设，积极营造良好的政治生态环境。在具体工作中，要善于整合资源，注重发挥社会各方面的力量优势，尤其是发挥高校、科研院所等专业机构的研究力量优势，吸引更多的专家学者参与到公务员心理健康教育咨询活动之中。要充分认识到，任何教育活动都不是单向的，如果没有双方的共同参与是无法达到教育目的的。

公务员心理问题不仅是干部自身的问题，也是社会共同关注的现实问题。在公务员身上发生的任何心理问题及心理疾病，都不是孤立存在的，既有干部自身的原因，也有家庭生活上的矛盾、工作中的压力、社会关爱的缺乏、人际关系的困惑与烦恼以及对工作环境的不适应等外在因素。

第二节 影响公务员心理健康的因素

一 社会因素

（一）社会转型

目前，我国社会正在发生着深刻的变化，社会经济快速发展，物质生活日益丰富，社会文明迅速提升，民主法制逐步完善，新事物、新观念、新现象层出不穷。与此同时，生活节奏不断加快，社会竞争日益激烈，人际关系日趋复杂，人们的世界观、人生观、价值观不断受到冲击。

在这种大背景下，越来越多的不确定性因素影响公务员的工作，也在一定程度上影响公务员的心理活动。因此，要客观认识、积极对待社会转型因素对公务员的影响，使他们避免心理干扰、排除心理束缚、明确心理预期，确保他们保持心理健康。

（二）政治生态

良好的政治生态不仅会对公务员行为产生巨大影响，而且会对公务员的心理产生至关重要的影响。近年来，党内政治生态存在诸多问题，如干部选拔任用制度不健全、干部绩效考核评价体系不完善、干部选拔任用程序不公开公正、干部调整调配不规范、干部激励和保障机制不配套、跑官要官之风屡禁不止、“官本位”的价值取向颇为严重等。这些问题严重影响了公务员的心理健康，一些公务员因此心生怨气，产生消极倦怠情绪、愤懑的心理和无可奈何的心态。因此，要严格落实《关于新形势下党内政治生活的若干准则》，建立风清气正的政治生态，把对公务员心理健康的影响减到最低程度。

（三）外在期望

广大公务员的权力与角色要求是相对应的，特别是一个公务员掌握的权力越大，人们对他的角色期望就会越大。社会的外在期望越大，一方面对公务员的肯定、赞美、鼓励、支持就越大，另一方面对公务员带来的心理负担和心理压力也越大。公务员的一举一动都被置于公众的视野之内，在手握权力、享受掌声的同时，也要注意到身居高位的寂寞、孤独和无奈。

因此，在当前公众对公务员的期望越来越大、越来越多的形势下，公务员要高度重视心理调适，在公众面前极力塑造和维护正面、阳光的形象，更加严格约束自己的言行。

（四）个体属性

长期以来，我国社会倡导集体主义，反映在对公务员的要求和评价上，注重其言行符合党的需要、政府的要求和人民的期待，符合社会公众利益和部门单位利益，很少会顾及公务员的个人利益或其家庭利益。如对优秀领导干部的画像往往是“因公忘私或一心为公”“带病工作，积劳成疾”“牺牲小我，成就大我”……

可以说，这些对弘扬社会主义核心价值观、树立良好的社会公德、强调奉献精神等具有重要意义，但对公务员自身可能带来许多心理问题，如果个性修养和党性修养不强，会严重影响其心理健康，甚至造成心理疾病，如抑郁症、人格分裂、精神分裂等。

二　工作因素

（一）职责任务

公务员是其岗位职责的履行者和工作任务的承担者。在承担重大岗位职责和工作任务中，公务员需要处理各种复杂的矛盾和问题，面临着各种风险和挑战。因此，对于公务员来说，来自岗位职责和工作任务的心理问题是普遍存在的。

目前，各级公务人员在不同程度上承担着统筹推进“五位一体”总体布局、协调推进“四个全面”战略布局的改革发展重任，履行着全面从严治党“一岗双责”、安全生产“一岗双责”等领导干部责任，履行着部门或单位内部的组织管理、沟通协调的工作任务。同时，还要面对各种“问责制”“一票否决制”“绩效评比考核制”等的考问和各种权力清单、责任清单、任务清单等约束，以及对可能发生的诸如洪涝灾害、山体滑坡、生产安全事故等突发事件的担心和忧虑等。这大大增加了公务员的心理压力，使得公务员的精神极为紧张，身心持续疲惫。

（二）政绩考核

政绩考核评价是选拔使用公务员的指挥棒，其实质是对公务员的工作表现进行考核与评价。长期以来，经济发展一直是衡量公务员政绩表现的重要指标，对社会公平和谐、生态文明建设等方面虽有评价但其所占比重不大。党的十八大后，虽然强调统筹推进“五位一体”总体布局，政绩考核评价范围扩展到政治、经济、社会、文化、生态文明等层面，但政绩考核的内容和方式依然改进缓慢。因此，深化政绩考核制度改革，在主要考核经济增长绩效的同时，还要体现在生态环境保护、预防群体性事件、维护社会治安稳定、应对新型媒体监督、提高社会治理能力等方面，彻底扭转不正常、不合理的政绩观对公务员心灵、心理的扭曲。

（三）岗位问责

近年来，作为问责型政府和服务型政府建设的重要内容之一，问责制越来越受到各级政府的重视，公务员行使公权力被戴上了“紧箍咒”。各级公务员要深刻认识权力的来源和本质，坚持以人民为中心的发展思想，正确行使手中的权力，真正做到权为民所用。

《中国共产党章程》《党政领导干部选拔任用工作条例》《中国共产党党内监督条例》等党内法规和《中华人民共和国行政监察法》《中华人民

共和国公务员法》等国家法律法规都对党政领导干部问责做了相应规定，特别是《中国共产党问责条例》围绕坚持党的领导、加强党的建设、全面从严治党、维护党的纪律、推进党风廉政建设、反腐败工作等方面的问责都做了明确具体的规定。随着问责制的推行，广大公务员要紧紧围绕贯彻党的路线方针政策、统筹推进“五位一体”总体布局、协调推进“四个全面”战略布局强化问责，倒逼责任落实，推动各方面工作健康有序开展。

三　心理因素

（一）心理教育

心理健康教育虽已引起社会的广泛重视，但要真正落到实处，还需要一个过程。长期以来，人们仅仅看到公务员在工作中运用权力的“潇洒”及在公众面前的光鲜，而对公务员的生存状态、幸福程度，尤其是他们的心理健康状况，却很少给予关注，甚至许多公务员自己也没有真正重视过自身的心理问题。当前，面向各级公务员的心理健康教育还很薄弱，完整的心理健康教育体系还没有建立起来，大多数公务员任职前后都很难有机会接受系统的心理健康教育和培训，缺乏化解健康心理问题的方式和途径。

（二）心理疏导

俗话说，头痛医头，脚痛医脚。心理健康问题还要靠心理疏导、辅导的方式来解决。公务员在工作中产生心理压力时，需要寻找一个自由表达自己感情的场所，疏散、吐露心中的郁积情绪，以求得疏导和宽慰。

目前，心理辅导、心理疏导、心理干预、心理调适等方式在我国还不太普遍，但是已经越来越凸显其重要性了。因此，公务员在必要时可选择心理疏导、心理调适等来减轻心理负担和心理压力。当遇到心理困惑和烦恼的时候，公务员要积极与上级沟通，和下级交流，向同级诉说，向家人倾诉，必要时可选择心理医生进行专业帮助。

（三）心理保健

心理保健是预防心理问题、维护心理健康的重要一环。但在实践中，各单位、各部门对广大干部的心理保健关注不够，心理保健体系建设也存在缺陷，心理健康状况普查不够深入，心理健康问题分析不够具体，心理保健干预的针对性不强，心理保健措施连续性不足，导致公务员群体出现情绪低沉、心情郁闷的心理问题。

因此，各级组织应高度关注公务员群体的心理保健问题，经常开办心理保健知识讲座或心理咨询活动，在各层面的公务员教育培训中要适当开展心理保健方面的课程或专题，培养公务员抵御心理健康问题的习惯和能力。

总之，上述因素是相互关联、相互影响的，对公务员心理健康的影响往往是综合发生作用的。只有充分认识并分析这些影响因素及其影响程度，才能全面准确地把握公务员心理健康问题，对症下药，采取针对性的对策措施进行调适。

四　家庭因素

家庭因素属于个体发展生态系统中的中间系统，它位于生态系统的中间层。家庭是以血缘和婚姻关系为基础的社会单元，成员包括父母、子女和共同生活的其他亲属，家庭是领导干部成长、发展的起点，家庭成员是其每天最直接面对的群体，对其心理健康的影响较大。

在我国，大部分家庭是由双职工组成的，工作、事业和家庭三个方面之间的矛盾便不容忽视。许多公务员面临着来自生活中与子女教育和照顾老人相关的巨大压力。对于年长的领导干部，他们的父母亲大多进入了老年阶段，面临父母的照顾问题、陪伴问题、健康问题、与家人的沟通摩擦等问题，一旦家庭成员中出现身体状况不佳、患有疾病，支出压力便会骤增。总体来看，领导干部的薪酬只属于社会的中等水平，不同区、不同性质的机关，工资水平都不尽相同，差异较大，但大部分能够满足基本生活需要。

五　个体因素

个体因素属于个体发展生态系统中的微系统，它位于生态系统的核心。

（一）职业发展迷茫

在调查中发现，有一大部分公务员对自己职位晋升感到迷茫；在工作中没有一个清晰的职业规划，找不到适合自己的职业目标，想要努力却找不到方向。从而对工作缺少热情，出现工作倦怠、心理失衡和心情烦躁，没有理想信念，感觉工作时“度日如年”。工作上的不确定性和无规划带来对未来的迷茫，这些都加剧了公务员的职业失落感和迷茫感，久而久之，形成心理健康问题。

（二）缺乏心理疏通

在我国的传统教育课程中，没有专门对于心理调整的教育，往往对心理健康问题采取回避或无视的态度，存在心理健康问题的公务人员更是如此。公务员产生心理健康问题后往往会藏在心里，不愿意倾诉或合理地发泄出来，怕被他人发现影响仕途、怕被同事发现被笑话、怕被家人发现担心自己，如果公务员自身又没有一个合理科学的方法调节自己心理状况，心理问题与日俱增，最终会导致积郁成疾，严重者有可能导致悲剧发生。有学者在研究中发现，不少公务员会选择性地回避心理问题不愿意作答，也有部分公务员表示自身心理压力较大，缺少合理的渠道进行疏导。

（三）职业价值观偏误

以往的思想束缚导致很多人认为公务人员端的是铁饭碗，进入公务员队伍一生便有了保障，故此很多人都在积极地报考公务员。而进入公务员系统才发现这个群体是比较特殊的，其存在晋升难、工作压力大、面对诱惑多等问题，这些对于公务员心理都会形成很大的影响。一些公务人员就比较关心职位升降以及工资收入，这样的心态之下其难以维持健康工作状态，很容易导致心理失衡。

（四）消极心态主导

消极心态的来源是多方面的，例如社会分配不公、思想素质低、心理脆弱。消极心态对于公务员工作有着直接的负面影响，会导致其在执法中出现暴力执法，不接受群众监督，对上层领导阳奉阴违，为非法组织提供保护等。很大一部分人在不健康的价值观主导下堕落、贪腐。有些领导干部存在一定程度的消极心态，出现了服务不积极不及时、推诿等情况，工作效率较低，而消极心理随着工龄延长也有所增长。

（五）个体定位不准

公务员的级别与他们的心理健康程度负相关，这是因为干部提升以资历为主，岁数大的一般会有一定程度升迁，而往往这部分人在长期工作当中已经精疲力竭，再者这部分人虽然升迁，但是与其心中定的位置尚有差距，导致他们心理有落差，这是因为对自我缺乏清醒认知。有调查数据显示，科级或中层级公务员相较于一般科员，心理健康状况较好，在“僧多粥少”的情况下，能得到组织认可，担任领导职务非常不易，但是公职人员数量繁多导致千军万马过独木桥，大部分领导干部没有更大的升职空间，不能升迁导致工资待遇难以保障，不能满足生活所需，导致个体精神压力大，若是这样的情况得不到改观，天长日久必然出现心理问题。

第三节　公务员常见的心理健康问题

一　公务员心理健康问题的表现

（一）躯体层面

现代心理学研究显示，人的生理系统和心理系统是相互作用、相辅相成的。如果公务员只是短时间内出现情绪波动，而且事后能迅速调整心态，则身体健康不会受到太大影响，如果情绪波动强烈而且持久，身体自身的调节能力就会受到严重影响，进而由心理问题转化为身体疾病。

国内资料显示，在医院大部分初诊病人中，与心理因素密切相关的躯体疾病患者占到了35%以上。由于我国心理学起步较晚，心理学知识普及率较低，所以无论患者自身还是医生，都很少关注心理疾病的诱因。领导干部长时间承受心理压力诱发身体疾病时，接受的往往只是生理上的治疗，不但收效甚微，而且加重了身心负担。

另外，大部分公务员长期处于亚健康状态。亚健康指的是身体虽然没有明确的疾病，却出现生理机能减退、代谢水平低下的状态，如果这种状态不能得到及时纠正，很容易引起其他疾病。躯体层面亚健康主要表现是头疼、失眠、肌肉酸痛、全身无力、心慌气短等。有调查显示，头疼、头昏是公务人员常见的躯体症状，并且十分普遍。大多数公务人员有失眠的困扰，同时很多人伴有高血压、糖尿病、头痛头晕、胃肠道疾病、呼吸系统不适等症状表现，其中“肌肉酸痛、腰疼”“高血压、高血糖”等亚健康状况从比例上看十分突出，“严重”和“非常严重”的比例非常高，相加在50%以上。

此外，症状较轻微的还有“身体发麻或刺痛”“喉咙有哽塞感、呼吸有困难”以及“感觉手脚发重”等，可以看出，公务员的亚健康状况较为普遍。当公务员平均心理健康水平较低时，身心疾病就会在生理上表现出不适的症状。而这些生理应激状态，可能会发展成为生理疾病，加之部分人群不良的生活方式和不健康的生活习惯，更加剧了公务员的身体负担，因此要引起重视。

1. 身体吃不消

当前公务员工作时间“5+2”“白+黑”已经成为常态，节假日的时候表现得更为明显，有些公务员生活长期没有自由、没有规律，不仅年龄大的感觉“受不了”，年轻干部也大呼身体“吃不消”，总是感觉浑身无力、精疲力竭，总想歇一歇，有一些干部在发言中提到：“下班回家连话都不想说，甚至面对自己最亲爱的孩子也打不起精神。”

有调查显示，60% 的公务员不能保证规律的睡眠和饮食，40% 的领导干部明显缺乏体育锻炼，15% 的公务员每天工作时间超过 10 小时，不规律的生活导致身体素质普遍下降，许多公务员稍一活动就气喘吁吁，抵抗力也随之减弱，出现易感冒、畏寒等症状。一些公务员坦言在压力之下，身体免疫水平比以前明显下降，有一个担任基层副镇长的公务员提到："压力太大，有时候重点工作来了，休息时间完全无法保证，每年得感冒的次数都比往年明显增加，自己感觉身体素质明显变差，明显感觉到自己身体比以前差了很多，稍微熬一熬夜，第二天整个身体就很不舒服。"

2. 职业病多发

随着疲劳状态的积累，颈椎病、腰椎病、眼睛疾病等成为领导干部的常发病，高血压、心脏病、突发性耳聋等疾病的发病率也有所提高。特别是领导干部，一方面普遍年龄较大，另一方面工作压力明显大很多。

（二）精神层面

1. 精神抑郁

抑郁症又称抑郁障碍，主要临床特征是长时间且稳定的情绪低落。抑郁症是领导干部常见的心理疾病。从精神学的角度来看，自杀本身就是一种非正常行为，一般来讲，70% 的自杀者走上自我毁灭这条路，都是因为患有抑郁症或其他精神障碍，自杀官员中患抑郁症者占 50% 的比例，这可能还只是一个保守的估计。由此可见，在公务员中普及抑郁症知识，降低公务员中抑郁症的发病率，对减少公务员自杀现象有着十分重要的意义。公务员常见的抑郁症类型有以下几种。

（1）微笑型抑郁症

这主要是"笑颜"所导致的抑郁症。正如上文分析，这种"笑颜"是一种强迫性的积极，只是给人一种开朗的假象，至于其内心真实体验，可能是压抑的，也可能是焦虑的。这种类型的抑郁症往往是"工作需要"或者"面子需要"，由于其"伪装"得很到位，所以，家人、同事很少能够看出端倪，也就出现了"白天谈笑风生，晚上跳楼自杀"的现象。

（2）激越型抑郁症

相比微笑型抑郁症的“深藏不露”，激越型抑郁症显得更加表象化。患有这种类型抑郁症的领导干部在平日里总是友善、平和的，但有时也会变得容易冲动，动不动就大发雷霆，给人一种不可理喻的感觉。从心理学上来说，动怒是一种压抑释放的形式，从某种程度上来说，也是释放渴望他人帮助的一种信号。愤怒是将矛头转向他人的过程，这反映了公务员的不满，但从根本上说是对自身心理问题的一种遮挡。

（3）疑病型抑郁症

这种抑郁症造成公务员的躯体出现相应的状况。比如，有的公务员经常头痛、背痛、胃痛、胸闷心慌、神经衰弱，到医院检查却查不出病症。实际上，这是人体以肉身痛苦代替精神痛苦的一种现象，也是身体发出的一种“求关注”信号，是内心压抑的外在表现。从病理学上来说，抑郁症表现为心境低落、思维迟缓、意志减退、认知功能损害等。

公务员所患的抑郁症与通常意义上的病症存在着较大的差异，因此我们称之为“非典型”抑郁症。公务员的抑郁症具有较强的隐蔽性，或是由于自控，或是由于面子和形象，他们都极力掩盖自身的痛苦，甚至绝望。这也是公务员无征兆自杀的一个重要原因。

2. 紧张焦虑

有对工程、项目进度的焦虑，担心难以在规定时间内完成任务；有对考核指标的焦虑，担心难以完成高指标的考核任务；有对社会稳定的焦虑，担心难以有效遏制各类上访。曾有一名基层公务员表示，他一个人分管镇里的组织工作、新农村建设、电子商务、农贸市场、自来水工程、包村工作等十多项工作，不仅工作任务重，更重要的是每天都紧张焦虑，生怕哪个方面、哪个环节出问题，这种情况在其他基层干部中同样存在。在座谈过程中，30%的公务员表示自己存在焦虑情绪，尽管比例不高，但已经远远超过普通人群的平均水平。

3. 迷茫困惑

在工作的落实中，公务员很容易“迷失”方向，不知所措。如在征地拆迁工作中，既要依法行政，又要赶进度；既要以人为本，又要刚性执行，在拆迁的过程中遇到了很大的阻力，面对群众的质疑和请求，公务员在工作落实中常常陷入困惑。

4. 委屈压抑

上级下达任务，但在执行中群众又不理解，公务员既是上级批评问责的对象，也是群众质疑指责的“出气筒”，感到无处诉说、无人理解。某权重部门的一位公务员表示，“现在要求简政放权，加快审批速度，这的确是一件利民的大好事，但两个星期审批周期压缩到三个工作日完成，压力就非常大。前段时间单位一名同事没有审查出伪造印章而被追责，最终还会被判刑。大家都觉得委屈，也导致内部人心惶惶。同时，基层政府普遍感觉被信访机制‘绑架’，不管有理无理，只要出现越级上访，基层政府就会被追责，不少‘职业信访户’动辄以上访‘要挟’政府，使公务员有苦说不出”。

5. 心怀愧疚

主要是对家庭的愧疚，调查显示，60% 以上的公务员提到工作太忙，没有时间顾及家庭，没有时间陪伴老人、教育孩子。个别公务员表示，“孩子都已经上初中了，根本不知道他是怎么长大的”。以上几种心理情绪交织，使某些公务员不堪重负，甚至出现心理抑郁。

（三）工作层面

1. 工作热情减退

许多公务员认为自己所有的情绪资源已耗尽，对工作缺乏冲劲，只求按部就班完成工作，“干一行爱一行”的思想淡化，要创新、要突破、要有为的意识不足，甚至害怕工作，“甘居中游”成了许多公务员做事的“秘诀”，部分公务员刚过四十就不愿意接受新事物，认为“人过四十不学艺”，提前退休也成了不少公务员的追求。

2. 对前途缺乏信心

一是出现了“天花板”效应。觉得自己已经“看淡了”一切，认为“这个小池子翻不起什么大浪花”。县市级公务员常说的一句话就是“在县市一级里再努力也就混个正科级”，面对职业“天花板”，工作起来缺乏激情担当。二是自信下降。开始怀疑自己的能力和潜力，对未来感到迷茫，不敢规划自己的未来，出现了无欲无求的颓废感，在这些公务员身上很少见到面对成功的意气风发、面对挑战时的担当有为以及面对挫折时的不屈不挠。

二 公务员心理干预方法

心理危机干预日益常态化。从表面上看，目前各地都在对公务员进行必要的心理危机干预，但实际效果并不理想。由于心理干预“形式大于内容”，当下进行的心理健康讲座很难“深入人心”。尤其是一些地方组织部门开设的心理咨询活动，让多数干部担心隐私泄露，拒绝接受这种心理咨询。

很多公务员在心理高压状态下工作，有些虽然意识到自己出现了心理问题，却讳疾忌医；有的虽然也认识到心理咨询、心理治疗能为自己缓解心理危机，但由于对组织部门提供的心理咨询缺乏信赖，所以即使自己身心处在崩溃的边缘也不肯就医。一位不愿透露姓名的公务员私下表示，“如果承认自己有心理问题，就等于向组织‘自首’”。所以一般情况下，即使公务员感觉自己心理有问题，也不会去进行心理咨询，更不会向家人倾诉，以免让他们担心，结果只能什么事情都自己扛着。

（一）预防性干预

其一，定期对公务员心理健康进行测评。每年对公务员开展心理健康方面的普查测评工作，掌握其心理健康状况，及时发现心理问题，进行有针对性的心理疏导，将心理健康作为评判公务员综合能力的重要标准。

其二，建立公务员日常谈话谈心制度，设置心理咨询室，将心理干预变成一项常态化的工作。在日常生活中，关注公务员心理健康，经常进行谈心活动，坦诚地交流思想、感情与工作等情况，及时解决其困难与问题，消除各种潜在的心理阴影与隐患，摆脱心理束缚，减缓心理压力，营造健康、愉悦的工作氛围。各个职能部门务必设置心理咨询室，定期邀请专业心理咨询师，鼓励有焦虑、抑郁症状的公务员进行心理咨询，帮助他们缓解情绪问题，排解心理压力。

其三，加大公务员心理健康教育培训力度。干部培训课程中相关的心理健康培训内容应成为必修课程。

（二）心理咨询

针对公务员工作的特殊性与心理问题，可以通过心理咨询及时干预。例如，重大公共事件发生时，公务员在巨大的压力下超负荷工作了较长时间，身心俱疲，一些心理调适能力差的公务员已经开始出现恐惧、紧张、焦虑、忧郁、易怒、过分敏感与自责等负面情绪，他们急需心理援助。这时，他们可以到专门的公务员心理咨询室，通过与专业的心理咨询师进行面对面的深度交流，诉说存在的心理不适与心理障碍，找到产生心理问题的症结所在，寻求合理的心理问题解决措施与对策，提升自身心理适应能力，提高身心健康水平。

（三）心理治疗

心理治疗是双方互动的一个正式的过程，每一方通常由一个人构成，但也有可能由两个或更多的人组成。其目的是经由精通人格源起、发展、维持与改变之理论的治疗者，在专业与法律认可下，使用逻辑上与该理论有关的治疗方法，来改善另一方在下列任一或所有领域的无能或功能不良的状况：认知功能（思维异常）、情感功能（痛苦或情绪不舒适）或行为功能（行为的不恰当）。

例如，在重大突发公共事件下，公务员的心理问题呈现个体性、潜在性、分散性与爆发性的特征，短时期内看似风平浪静，但可能出现爆发性的应激性心理障碍，如：自然灾害、爆炸事件等，人员伤亡严重、社会影响大，这时他们在重大公共事件中极易产生心理问题。

一旦发现有干部情绪上或行为上的反常，在尊重其隐私的前提下，应请专业的心理咨询人员对他们进行心理评估，运用谈话、观察与测验的方式对其心理现象进行全面、系统而深入的分析，并选择适宜的心理治疗方案开展各项治疗，根据心理问题的轻重缓急，有针对性地采用不同的干预方法。对于长期处在紧张工作状态、存在精神疲惫不堪的心理疲劳问题的公务员，可采用适当运动、劳逸结合的治疗方式，给予他们充分的休息，舒缓心理疲劳，从而恢复正常的心理状态。

第四节　公务员心理健康状况的自测

一　心理测评方法

心理测评中应用最广泛的方法是量表法，除此之外，观察法、访谈法、问卷法等传统方法也经常使用。

观察法是指利用人的感官或现代化的仪器辅助对被试者进行有目的性和计划性的观察，并对观察到的行为举止进行分析。观察法的优点在于：观察的直接性和及时性，而缺点在于：观察的行为只是表面现象，观察受到人的感官局限，不适用于大范围的调研分析。

访谈法是一种以面对面交谈的形式，从被试者的回答中收集目标信息以了解被试者的心理特征的方法。访谈法的优点在于：双方的互动性强，根据被试的反应可以及时调整咨询问题，便于深入沟通和了解。缺点在于：缺乏标准化的结果和解释，成本高，对施测人员的要求高，不适合大规模测评。

问卷法是施测者通过统一设计的一系列问题向被试进行实际调查，通过对回答内容的分析和总结，达到测评和评估心理特征的目的。问卷法的应用较为广泛，原因在于节省人力、物力和财力的同时，问卷法的实施方便快捷，方便定量分析。缺点在于：问卷的设计和编制烦琐，问卷回收不方便，问卷填写过于随意，缺乏真实性等。

量表法就是以量表为基础测量被试者对问题的态度和看法。心理测评研究中，量表是心理测评中最常用和基础的测量工具，按照一定的原则，将抽象的概念或事物特性按照一定的参照和单位进行定量，量化事物的属性。量表又分为类别量表、顺序量表、等距量表和等比量表，其中类别量表是用数字作代表对事物分类，顺序量表没有相等单位和绝对零点，等距量表有相等单位但没有绝对零点，等比量表既有相等单位也有绝对零点。不同类型的量表在应用上有较大的差异。

量表法的优点在于：能将人的人格、能力等心理特性和代表性行为这类抽象事物进行具体数量化，简明客观且便于数理分析和计算机统计，适用于大范围的群体诊断，节省开销。缺点在于：量表的编制更为复杂，且需要根据相应的国家和地区的实际情况做出适当调整。

二　心理健康状况自测

（一）心理健康评估

SCL－90（Symptom Check List 90）是由 90 个项目所组成的精神症状自评量表，主要用来调查被调查者的自觉症状，衡量其精神症状的严重程度。这一自评量表可概括为 9 组症状群：①躯体化，主要反映被试者的身体不适感；②强迫症状，指那种明知没有必要，但又无法摆脱的无意义的思想、冲动、行为等表现；③人际关系敏感，指不自在感、自卑感等；④抑郁，主要反映忧郁苦闷的感情和心境；⑤焦虑，主要反映游离不定的焦虑及惊恐发作状态；⑥敌对，主要从思想感情及行为三方面反映敌对的表现；⑦恐怖，主要包括对出门旅行，空旷场地，人群或公共场所和交通工具的恐惧，还包括社交恐怖；⑧偏执，主要指投射性思维、敌对、猜疑、妄想、被动体验和夸大等；⑨精神病性，反映各种急性症状和行为，即限定不严的精神病性过程的症状表现。

该量表采用 1～5 评分制，判断正常与异常的方法是以因子分是否超过 3 分为标准，若超过 3 分，即表明该因子的症状已达到中等以上严重程度。采用上述量表和方法，能够反映出领导干部心理健康的总体状况。但是由于公务员心理健康素质具有特殊性，仅仅采用 SCL－90 量表，只能从一个侧面反映其心理健康的状态，仍有诸多缺憾，所得结论仅供参考。

（二）人格特征评估

学界一般采用龚耀先修订的艾森克人格问卷（Eyscenck Personality Questionnaire，EPQ），这是英国伦敦大学心理系和精神病研究所有关人格度研究的测定方法。EPQ 有两个修订版，分别由龚耀先和陈仲庚进行修订，修订时考虑我国文化特点，成人问卷包括 85 个或 88 个项目试题，让被测试者根据自己的情况回答，测验结果用四个量表（E、N、P、L）表示并进行计分。E、N、P 分别代表艾森克人格理论中关于人格结构的三个维度，L 是后来加进来的一个效度量表。各分量表的意义列示如下。

E：外向内向，分数高表示性格外向，分数低表示内向。

N：神经质又称情绪性，反映的是正常行为，分数高可能是焦虑、担忧、常常闷闷不乐、忧心忡忡。

P：精神质，它在所有人身上存在，只是程度不同而已，分数高可能是孤独、不关心他人，难以适应外部环境，或与别人不友好，喜欢寻衅搅扰，并且不顾危险。

L：掩饰、假托或隐蔽自身状况。L 量表与其他量表的功能有联系，本身代表一种稳定的人格功能。

上述四个量表都以 50 分作为评估的基准。如在 E 量表中，平均分大于 50 分，则表明被测试者为外向型；平均分小于 50 分，则表明被测试者性格内向；平均分等于 50 分，则表明被测试者性格居中。其他量表以此类推。

人的个性与气质是密不可分的。气质是人生来就有的典型、稳定的心理特征，它表现为一个人的心理活动的动力特点。按体液说气质可分为四种类型：多血质、黏液质、胆汁质和抑郁质。结合 E 量表和 N 量表的得分情况，可判定一个人的气质。如 E 和 N 均高者，一般属于胆汁质；E 高 N 低者，属于抑郁质；E 低 N 高者，属于多血质；N 和 E 均低者，一般属于黏液质。

三 心理测评软件与系统

（一）心理 CT 系统

北京海斯曼科技发展有限公司的心理 CT 系统是目前国内比较具有代表性的心理测评系统，又称心理计算机扫描系统。该系统由国际著名的明尼苏达多项人格调查问卷改编而来，在 20 世纪 80 年代被包括中国在内的几百个国家翻译引进，经过中国科学院心理研究所的长期标准化修订和发展完善，在全国得到百余家医院、大学、研究和咨询机构的推广和使用。

系统采用 C/S 架构，它的优势在于能对病人的心理状态进行多方面的分析、报告和描述，不仅应用于传统的精神疾病的临床辅助诊断、心理咨询和治疗，也广泛应用于其他医学各科和人类行为的研究、教育、司法等各个领域。它的缺点在于：系统的测评内容庞大且固定，无法特定测评范围，导致系统缺乏灵活性，在数据的统计上也较为困难，并且不具备多中心的数据管理功能。

（二）心海导航心理测评系统

心海导航心理测评系统是由北京心海导航科技有限公司开发的“心海软件”系列之一，系统包含一百多个量表，类别丰富，涵盖了多个方面，具有个体测评、心理普查、危机筛查等功能。系统的测评结果详细，支持数据录入和管理以及分类预警。而它的局限性在于：量表不可自定义扩展，难以进行针对性的心理测评活动的开展。同时，系统的量表众多，但选取的量表太杂，缺乏相应的选取流程规范，无法保证内容的标准性。另外，由于系统采用 C/S 架构，需要安装专门的软件才能使用，软件的更新和维护较为困难。

（三）瑞格在线问卷调查系统

瑞格在线问卷调查系统由北京奥泰瑞格科技有限公司开发，主要提供在线问卷的设计与使用等功能，系统采用 B/S 架构，通过浏览器登录系统，进行问卷的设计与编辑，且支持生成 word 格式问卷，为线下调查提供服务。该软件的优点在于：问卷设计轻便，且提供了数据统计报表。然而其功能较为单一，并且问卷设计的题目类型单一，只能定义文字内容，欠缺图片的上传功能。同时，不提供问卷的数据结果分析和解释功能，需要用户自行下载问卷数据进行结果的分析和解释。

（四）惠诚心理测评系统

惠诚心理测评系统由上海惠诚科教器械股份有限公司的研发部门开发，旨在针对心理与行为相关方面进行科学、全面的测评描述与数据管理，适用范围广，包含儿童青少年、成人及老年人等多个人群及行业。系统采用 B/S 架构，最大限度上满足大规模团体测评的需求，对系统平台进行分级管理，实现不同级别用户的不同权限，同时支持 PC 端测评和移动端测评，该系统通过危机预警机制和报告的汇总，为不同单位的管理者提供参考信息。系统的缺点在于：量表数量与内容的固定，不能完全满足实际的心理测评需求。

第三章
公务员的自我认知

公务员的良好自我认知能力，不仅是公务员能力素质的基本要求，更是公务员胜任工作的重要保障。古人云“人贵有自知之明”，也就是说，具有“自知之明”者毕竟是少数，如果自知者多了，也就不那么珍贵了。可见，自知本身也是非常宝贵的一种品质，而要具备这样的品质，就需要提升自我认知能力。本章分为自我意识与自我认知、公务员的认知重构、公务员人格魅力塑造三部分，主要内容包括：自我意识、认知重构、塑造人格魅力的途径等。

第一节　自我意识与自我认知

一　自我意识

（一）自我意识的内涵

西格斯蒙德·弗洛伊德（Sigismund Freud）在人格结构理论中提出“自我”的概念，为自我意识概念的界定和研究奠定了基础；美国著名心理学家威廉·詹姆斯（William James）于19世纪末出版了《心理学原理》一书，并在书中首次提出自我意识这一概念，成为对自我这一概念相关研究的重要组成部分。自我意识也被称作自我，指个体在工作、生活、学习和成长经历中对其生理心理和行为特征以及社会社交关系的综合感知和自我评价，包括自我认识、自我体验、自我调控等维度，分为自我感觉、自我观察、自我观念、自我分析和自我评价等层次，在每一层次中均包含生理自我、心理自我和社会自我等角度，具有能动性等特点，对个体脾气性格和价值观念的形成具有重要作用。自我意识是个体对自己和社会关系的认识，是个性特征形成的过程，具有调节个性的作用。

自我意识有狭义和广义之分，狭义的自我意识等同于自我、自我概念、自我评价等，广义的自我意识包含自我概念、自我评价等。有学者认为，自我意识是一种将自己身体、心理和与他人关系作为对象自觉反映出来的特殊心理活动。有学者将自我意识分为两层，第一层是能意识到心理活动的结果，第二层是能意识到心理活动的内容。

总之，自我意识是指个体自身心理、生理和社会功能状态的知觉和主观评价，不仅强调自我的心理过程，而且强调自我意识的社会属性。

（二）自我意识的功能

根据尼科·亨利·弗里达（Nico Henri Frijda）的观点，情绪可以被定义为一种独特的、间歇性的、相对短期的精神状态，当一个人评估一个事件与重要的个体目标相关，并促使他们做好行动的准备时，情绪就会出现。当人们察觉到该事件标志着个体目标的进展时，就会出现积极的情绪，如果他察觉到该事件阻碍了个体目标的实现，那么就会出现消极的情绪。虽然有些人认为情绪没有目的，只是扰乱了行为，通常缺乏逻辑和理性，但大多数科学家同意这样的观点，即情绪具有组织和优先处理正在进行的行为的重要功能，以便优化对物理和社会环境要求的调整。

情绪的功能性对于诸如愤怒、恐惧、悲伤和幸福这样的基本情绪最为明显。这些情绪有生物学上的根源，可以通过离散的面部表情很好地辨别出来，并且有着具体的作用。更准确地说，当人们被冒犯或受挫并引发报复倾向时，就会激起愤怒。恐惧是由感知到的威胁引起的，并动员人们逃离危险的环境。悲伤通常是由失去的经历引起的，它会激励个体找回失去的东西，但也可以被视为试图从他人那里获得支持。幸福产生于对成就和愉快活动的回应，鼓励人们尝试并重复引起幸福的行为。尽管基本情绪具有明显的功能，但对于某些人来说，频繁地体验到强烈的基本情绪尤其是负性情绪导致了情绪的功能失调。心理学研究中，基本情绪一直是人们关注的焦点，这些研究以相当直接的方式将基本情绪与精神病理现象联系起来，即过度恐惧表现在恐惧症和其他焦虑症中，极度悲伤（伴随着缺乏幸福感）是抑郁症的显著特征，而不成比例的愤怒是攻击性人格的典型特征。同样，内疚、羞耻和自豪的自我意识情绪也有作用，它们促使人们在社交和亲密关系中以道德的、社交适当的方式行为来调节人际行为和社交生活。就像基本情绪一样，这些情绪的失调与各种类型的精神病理症状也有关。

（三）自我意识的发展规律

威廉·詹姆斯（William James）认为，自我意识的形成与发展要经历三个阶段，分别为身体自我意识、社会自我意识和心理自我意识。这说明自我意识不仅具有生理属性，而且具有社会属性。学龄前儿童虽然不能区分主体我和客体我，以及自己和周围环境的关系，但是随着生理的成熟，学龄前儿童逐渐能使用“我”来表达自己。这标志着儿童自我意识的萌芽。当进入学龄期，儿童逐渐接触到父母以外的教师和同学，在和同伴的交往中发展了社会自我意识。进入青春期，学生的自我意识逐渐增强，具体表现为关注自己的兴趣、爱好、性格和独特的“三观”等。这标志着学生进入心理自我意识的形成阶段。个体自我意识呈曲线状发展，具体体现为：从小学到初中呈下降趋势，初中到高中呈上升趋势，从高中到大学呈下降趋势，中年后呈上升趋势，最后以平稳的趋势下降。自我意识的发展具有规律性和阶段性，在培养自我意识时要遵循自我意识的发展规律，抓住关键期和转折点。

（四）自我意识的相关研究

国内外关于自我意识的研究，主要分为对自我意识概念本身的研究和对自我意识结构的研究两方面内容。

从自我意识这一概念本身看，截至目前，国内外众多学者虽然对此有诸多讨论，但尚无定论。通过查阅文献发现，在开展相关研究的过程中，自我意识与自我同一性，以及自我等概念容易被混淆，且难以界定清楚。从起源上讲，自我意识源于自我，因此，有部分国内外心理学家以自我为关键词，对自我意识的概念开展了相关研究。按照詹姆斯等西方心理学家对自我这一概念的解读，自我意识可指个体对自己的认识，也对应体现自我对外在环境的适应。根据弗洛伊德的理论，前者与人格结构理论中的本我相对应，后者与自我相对应。如学者 S. 哈特（S. Harter）总结出婴儿阶段存在主体我和客体我的发展过程，既体现了个体的自我意识，也体现了自我对外在环境的适应。威廉·詹姆斯等人对自我意识的研究主要是基于个体的自我意识所开展的，其认为从个体角度出发，自我意识包含生理自我、心理自我和社会自我，同时也包含在他人眼中的“我”的概念，即自我对外在环境的适应。国内部分研究也认为自我意识包含个体对自身的认识和自己与外界关系的认识。

从自我意识的结构上看，可对其进行多角度划分。从内容角度划分，可分为个体的生理自我、心理自我和社会自我。其中，生理自我包含了个体对诸如身高、体重、外貌等因素的认识和评价；心理自我包含了个体对诸如能力、情绪、气质等因素的认识和评价；社会自我包含了个体对自己与同学、同事、朋友、家庭成员之间关系的认识和评价。从形式角度上划分，可分为自我认识、自我体验和自我调控。其中，自我认识包含自我感受、自我评价等因素；自我体验包含自尊、自卑等因素；自我调控包含自我控制、自我监督等因素。从观念角度上划分，可分为现实自我、社会自我和理想自我。其中，现实自我是个体对自己的总体看法；社会自我是个体认为自己在他人心中的形象；理想自我是个体所追求的较高的自我目标。

近年来的研究表明，当前我国青少年在自我意识问题上呈现出强烈关心自己的发展、自我评价能力逐渐提高等特点，同时也暴露出如自卑心态等一系列问题，认为自我意识对青少年时期身心健康发展影响巨大。

二 自我认知

（一）自我认知的内涵

1980 年詹姆斯首次提出自我概念，为自我认知的相关研究奠定了良好的基础。基于弗洛伊德自我、本我、超我的人格理论，自我认知一直是心理学中的热门研究话题。学界普遍认为自我认知是个体从各个方面对自己的认识，而用不同的标准对自己进行评估，对应的结果也会产生差异，实证能力较低的人群，会因对自身错误的判断而影响自我认知。廖凤林等人指出个体由于在知觉、记忆、思维模式上的差异而产生不同的自我认知。张宜彬认为自我认知是指个体对身体自我、情绪自我、学业自我等方面的主观知觉。

Self - perception 在中国最常见的翻译是自我认知、自我觉知、自我知觉等。自我认知的概念早在十八世纪就被提出。詹姆斯在《心理学原理》中，把自我认知的概念定义为：自我认知是个体对自我的评估与觉察。后来的学者开始沿用他的这一概念。心理学领域对于自我认知的描述方式虽然与詹姆斯相似，但是其所表达的内容具有一定的差异。这种情况的产生是由于各种学派关于“自我”的定义具有一定的差异性。自我认知是围绕着自我理论建构起来的概念，不同理论流派基于研究视角不同而对其有不同的诠释：从精神分析的角度来看，自我认知是人格结构中关于“超我”与“本我”间平衡状态调节的一种结构。它能够使个体在符合社会规范要求的前提下，合理地规划自己的行为。人本主义理论认为，自我认知是个体在实现自身价值过程中对于自我的一种评价。

随着自我认知相关概念研究的深入，社会因素被加入自我认知概念描述中。这类关于自我认知的描述强调自我在社会互动过程中对于自我的评价。约瑟夫·维萨里奥诺维奇·斯大林（Joseph Vissarionovitch Stalin）认为，个体的自我认知不仅包括大脑的神经基础、人格的特征，还包括个体对自身在社会中对规范遵守方面能力的评估。乔治·赫伯特·米德（G. H. Mead）的自我认知概念与前者有着一定的相似性，米德认为自我认知是个体在受到社会评价与道德规范影响下对于自我的一种评价与感知。在心理学领域，还有一些学者认为自我认知与自我概念（Self - concept）实际上属于同一种定义。但由于两者的描述结果均为对于个体的能力与特征的评价，因此自我概念的定义描述也可用于自我认知。其中，罗森伯格（Rosenberg）认为，自我概念（自我认知）是个体通过经验性地积累与描述产生对于个体觉察的结果。来自中国的心理学研究人员江光荣和胡博将自我概念（自我认知）定义为个体对于自我的了解。另外两位学者刘惠军和石俊杰则认为，自我概念（自我认知）是个体对于自身的看法与评价。

可见，研究人员的角度和思维的不同，致使对自我认知的概念存在不同的解读；部分学者通过对自我的描述来界定自我认知，但是由于研究的角度有所差异，所以对自我认知的定义内容也存在区别。还有部分学者通过结果取向的描述来界定自我认知，因此产生了与自我概念相同的定义方式。

自我认知的定义应该更加强调认知的重要性。认知是个体的一种心理过程，连续性和过程性是认知心理过程的两大显著特点，具有强弱不同的特征。自我概念是心理的特征，虽然也具有一定的强弱程度，但不具有过程性与连续性。对比两者的差异不难看出，自我认知与自我概念不能等同，两者不适宜用同样的方法进行理解与定义。

（二）自我认知的作用

自我认知是一个多维度的心理学概念，它涉及个体对自身各个领域的认知，主要包含了生理上的自我、心理上的自我和社会中的自我。认知生理上的自我，即对自己的身体状况、外貌等的认识。认知心理上的自我，即对自己的性格、兴趣、价值观等的认识。认知社会中的自我，即对自身所处的社会角色、周边的人际关系以及个体和家庭经济状况等的认识。因此，分析自我认知的作用也应该主要从这三方面来进行。

自我认知对个体生理产生的作用。身体是革命的本钱，健康的身体是开展各项社会实践的基本前提。个体首先要对自己的身体状况有准确的了解，即自己的身体素质到底是好还是差，是需要继续保持还是需要加强锻炼，强健的体魄是个人成长的重要根基。然后便是对个体样貌的认知，对样貌的合理认知能够帮助你避免过高或过低地评价自己，规避自负或自卑的心理。反之，如果对个体生理机能不能有一个正确认知，则会产生过度积极或是过度消极的心理问题。

自我认知对个体心理产生的作用。意识对物质具有能动的反作用，表明了个体的心理状态对物质实践具有一定的影响。正确认识自己的性格与兴趣有助于处理好个体的人际关系、树立正确的学习和择业目标，好的性格与广泛的兴趣是个体成长发展的动力源泉。而“三观”指的是世界观、人生观、价值观，在准确认知自身三观的基础上及时纠正错误的三观，正确三观的树立不仅能够促使个体完善道德品质，还能在一定程度上促进身体的健康发展。

自我认知对社会中个体产生的作用。“人的本质在其现实性上是一切社会关系的总和”，这强调了人的社会性。人的一生要扮演多个社会角色，甚至是同时扮演多个社会角色，而身处各个角色之中必定要与他人进行人际交往。因此，对社会中的自我进行合理认知显得尤为重要，只有认清社会中的自我，找准自己的社会定位，才能顺利地开展自己的事业，并与周边的人们友好相处，形成和谐的人际关系。除此之外，对自身和家庭经济状况的合理认知有助于自己规避拜金主义、享乐主义的错误观念，促进自我在社会上的正确发展。

通过对以上三方面的分析可以看出，自我认知不仅伴随着个体一生的成长发展，而且渗透个体生活的方方面面。因此，想要在这个日趋多元化发展的社会中立足成长，必须进行正确的自我认知，保持自我的纯真本心，以防被功利和权势误导，走上歧途。

（三）自我认知的理论研究

自我认知的理论研究大致分为两个研究取向：围绕着自我是如何产生的理论论述；围绕着自我认知引发的结果产生的理论，即自我概念相关理论。前者包括经验自我理论、精神分析理论、现象学理论、社会互动理论、人本主义理论与社会认知理论，后者包括多维度模型理论、动态模型理论。

1. 经验自我理论

威廉·詹姆斯认为，自我是能够被称为“他的”总和（他的，即第三视角的“我的”）。在这个总和当中包括身体、亲朋、所述的物品、价值、名誉等。这种自我不仅可以诱发个体的情绪，也可以诱发个体的行为。自我包括四大组成部分：物质的我、社群的我、精神的我与纯粹的我。其中，物质的我，包括与我有关的所有具体的事物；社群的我，包括与我有关的群体以及依据群体而产生的对自身的评价；精神的我，是自我本身内心世界或主观认知的存在，是心理器官的功能或者心理动向的体现；纯粹的我，是个体能够经历到的我的一切——“自我中的自我”。在其后续的理论论述中，詹姆斯基于纯粹的我的概念又将自我分成了“我”与“非我”两种。用这种彻底的经验主义来阐释自我认知，成了自我认知产生的开端。这种纯粹经验主义对于自我形成的阐释在当时被很多学者接纳；同时也有部分学者反对如此的纯粹经验对于自我形成的定义，进而转向对于交互、唯物等方面的自我的描述。

2. 精神分析理论

精神分析理论中有关自我的理论最早产生于弗洛伊德对于人格结构的

描述当中。弗洛伊德认为，本我与超我之间的矛盾关系是自我产生的根源。当本我对于本能快乐的追求与超我强大的理性与道德原则的束缚产生冲突时，个体会产生一定的情绪，如焦虑等。此时，个体人格结构的自我成分结合现实处境与利害关系对两者矛盾进行调和。自我的产生源自本我的分化。

爱利克·H. 埃里克森（Erik H. Erikson）对弗洛伊德的理论进行了改进，他认为自我的产生不是本我分化出来的一种形式，而是一种独立的力量。这种力量能够将过去与现在的经验结合起来，进而使本能朝向更合理的方向发展，自我是一种心理过程而并不是人格结构。它能够影响个体的语言、思想、行为。个体可以为了满足自我的同一性而使自己很快地适应社会生活。

哈里·斯塔克·沙利文（Harry Stack Sullivan）是精神分析学派中较为重视人际关系研究的学者之一，沙利文认为，自我的产生是用来协助个体减轻自身感受到的负面情绪。自我是一种为迎合社会环境以及外界刺激所产生的印象形成机制。这种机制能够使个体更好地适应社会并降低对社会环境的适应不良所带来的消极反应。自我产生于母婴互动过程中，婴儿为了能够得到母亲关注与照顾，减轻失去关心导致的焦虑，进而产生一种迎合母亲的行为方式，并由此内化成自我的特征。

3. 现象学理论

埃德蒙德·古斯塔夫·阿尔布雷希特·胡塞尔（Edmund Gustav Albrecht Husserl）认为，自我是一种稳定的基点，这个基点不随意识流的变化而产生变化。自我是一种先验意识，只有自我的出现才能够构造个体周围的世界。自我与周围社会的交互主作用能够更好地丰富自我本身。它是一种与世界打交道的、存在于主体间性过程中的意识。由此可以看出胡塞尔的现象学对自我的描述超越了上述两种理论的范畴。这源于胡塞尔的一种先验性的哲学思考，把被动的自我通过一些方法变成主动的自我，强调了自我的能动作用。该理论思想为心理学、哲学等学科后续有关自我形成的思考提供了一个有效的参考。

4. 社会互动理论

查尔斯·霍顿·库利（Charles Horton Cooley）和米德两位学者都各自从不同角度对自我的形成给予了有关社会互动论的解释。前者对于自我的形成观点基于“镜像”原理，库利认为，个体的自我建构过程是在互动当中获得各种他人的反应而形成的。与精神分析学派沙利文的人际关系互动观点不同的是，库利认为，这种社会互动犹如个体在社会中照镜子一般，其他人对个体的评价、看法等对个体本身会造成直接的影响。个体通过他人的评价对自己产生新的认识，并不只取决于母婴关系。沙利文尤为强调个体早年的母婴关系对于自我形成的影响。

米德认为，个体逐渐成长的过程中会受到周围环境的影响，比如他人的评价。个体会根据他人的看法和观点去改变自我，让自身越来越符合别人的看法。自我在此过程中受到他人评价的影响，在互动时将他人的评价作为个体行动的标准，进而产生符合他人期待的行为，并使他人形成对自己的内、外形象的认知。米德还将自我分为两种不同的成分：主我与客我。个体主动建构行为的过程属于主我的范畴；源自他人对个体的影响属于客我的范畴。

5. 人本主义理论

人本主义理论更加关注个体自身在自己的生活环境中的体现。卡尔·兰森·罗杰斯（Carl Ranson Rogers）认为，自我是与我有关的所有内容在现象场中的一种存在形式。自我的成分可以进行三类划分，即主观上的自我 I、作为宾格出现的客观的自我 me，以及与我有关的内容 mine，这种划分区别了自我在不同场景下的不同作用，以及个体依据不同自我成分所进行的行为活动。罗杰斯不仅从个体当下的存在层面区分了自我的不同成分，还在个体的时间范畴内区分了自我的成分，将自我划分成现实的自我与理想的自我。当两种成分作用协调时，个体会感受到良好的心理过程与状态，包括积极的情绪、幸福感等，当两个方面不能够相辅相成时，也就是说，当真实的个体与个体理想的自身存在很大差距时，真实的个体会对自己失望，产生消极的心理，最终导致心理上的疾病。罗杰斯的观点在心理临床诊断与治疗方面为心理咨询师、心理治疗师提供了一定的理论基础，并在临床实践中广为运用。

6. 社会认知理论

马库斯（Markus）从社会认知的角度来观察和分析自我，并对其进行了阐释。马库斯认为，自我是一种认知结构，这种结构能够将社会当中有关“我”的不同事件进行分类并进行存储。他引入“自我图式”的概念对自我的功能做了进一步的解释：当个体在不同场景中进行活动时，个体的认知结构会根据场景的需要，把一个新的概念，即“自我图式”带入这一领域，对自我的能力做进一步的剖析，为了更好地适应新的环境而改变自身的认知结构。这种经验是根据之前个体相关的经历所叠加累积形成的，储存在不同的经验结构中，这个过程被称为“知识的类化”。马库斯还运用实验的方式对“自我图式”进行研究，并探索其在知觉、组织、评价等方面的作用。研究结果显示，具有“自我图式”的个体能够更加容易地加工上述各种信息，并能够对不同的信息做出判断与筛选，回避与“自我图式”相冲突的认知信息。“自我图式”的存在使自我能够做出更加准确的预测，同时提升自我的信心。斯大林的社会理论也认为，自我的产生不仅受到神经生理基础以及脑活动的影响，同时也受到个体在社会当中对于社会规范与准则所形成的印象经验的影响。与马库斯理论不同的是，斯大林的理论认为，人格特征作为一个单独的因素对自我的形成和发展产生影响。总之，“自我图式”可以很好地促进个体人格的形成。

7. 多维度模型理论

梅尔韦尔·沙维尔森（Melville Shavelson）从多个维度对自我进行了深度的研究，进而引申出了多维度理论模型。该理论与社会认知理论相似，沙维尔森认为，自我概念是个体对于经验的形成，是个体在不同情境下对事件进行解释时所形成的概念。

这种经验生成与解释机制是个体对于自我的一种知觉，进而生成了自我概念。然而这种自我的理论模型只适用于青少年群体。在青少年群体中，自我衍生出的自我概念可分为学业自我与非学业自我。其中，学业自我又包括数学学业自我、言语学业自我；非学业自我又包括身体自我、社会自我、情绪自我。后继研究者根据沙维尔森的理论编制了针对青少年的自我概念问卷，用来测量青少年的自我认知水平，并将不同维度下所包括的内容进行进一步的细化。

8. 动态模型理论

马库斯等人的研究认为，自我概念的形成伴随着自我的动态过程而产生，并非前人所研究的基于个体的稳定特质所展示出的个体性格特点。自我概念可以随着情境的改变发生相应的变化。达蒙（Demo）等学者经过研究以后认为，由自我引申出来的自我概念可以分为两个不同的方面：稳定成分与可变成分。其中，稳定成分代表个体的原发性的自我，可变成分代表随情境改变的自我。达蒙将这两种不同的成分分别命名为“一般的自我”“特殊的自我”。

通过对自我认知的相关理论进行梳理可以发现，自我认知的相关理论对于自我、自我形成、自我所诱发的“自我概念”的形成等方面有着不同角度的解释。在这些差异化的解释当中还存在着基于意识、本体论、认识论等方面的差异。自我认知的相关理论涵盖了哲学、心理学、社会学等各种学科观点。但是，通过回顾前人的理论研究也不难发现，虽然对于自我的探索已经处于相对成熟的阶段，但是很少有人对于自我认知有着直接的理论论述。认知过程的研究对于学界来说仍旧处于百家争鸣的阶段，因此，有关自我认知的研究依旧任重而道远。

（四）提高公务员自我认知能力

自我认知能力，每个社会成员都有。每个人都有“自我”存在的意识，在人际交往中这种感觉更为突出。由于“自我”是客观存在的，所以是取消不了的。为此，问题的关键并不是取消“自我”意识，而在于保持什么样的自我认知的内容和自我追求的目的。公务员与普通群众的一个明显区别就在于平常的工作表现不一样，公务员总是争先恐后，生怕落在群众后面。这种争先恐后的工作姿态，就是公务员自我认知能力高的体现。

自我认知的内容包括以下三方面。第一方面是物质自我，指人对自身存在有自觉的意识。既然有物质自我的存在，那么也就有对物质自我的追求问题。古代先哲尚且有“先天下之忧而忧，后天下之乐而乐”的胸襟和情怀，以天下为己任的公务员更应具有先人后己的品德。在当今改革大潮中，利益格局发生较大变动的情况下，公务员具备不具备先进性，在其物质自我方面体现得淋漓尽致。特别是在与群众相处中，在与其他人相处中，不仅要做到不与人争利，还要让利、献利，这是一道分水岭。

“苦”，从某种意义上说，是一种常态。即使实现了全面小康和四个现代化，无论是生活中还是工作上，公务员都会遇到这样或那样的“苦”。面临这样或那样的“苦”，公务员的物质自我意识里有没有“吃苦在前，享受在后”这种意识，恐怕也是衡量其物质自我意识的一根标尺。

第二方面是社会自我，指自我在社会上的地位和名誉。一般来说，人所处的社会地位是由他的职业所决定的，这种个人对自己所处的社会地位的认知又被称为人的角色意识。道理上讲都知道，人与人之间只有分工的不同，没有高、低、贵、贱之分。但是受剥削阶级意识的影响，一些党员尤其是领导干部总是存在着高人一等的“优越感”，高高在上的“成就感”，作威作福的快感，缺少为人民服务的“责任感”。我们党从建党那天起，就为保护好、抓好、实现好人民群众的根本利益尽心竭力，每一个历史时期，都在担当着实现人民群众利益的“公仆”角色。这就要求每位党员，尤其是公务员在社会自我方面，首先要牢固树立“公仆”意识。在当今改革不断深化的年代，特别需要在不同岗位、不同职业的共产党员扮演这样的角色：像党的干部楷模郑培民、牛玉儒那样公正无私；向新型法官宋鱼水、工人阶级的杰出代表许振超、人民的好卫士任长霞等众多的探索者、开拓者和先行者学习。

第三方面是精神自我，这是指对自己的智慧、能力、道德水平的认识。共产党是工人阶级的先锋队组织。每个成员都应该成为先锋战士，都应该永葆先锋的精神状态。它不因职位的升降而变化，不因遇有困难而变化，不因年龄增长而变化，不因身体状况而变化。总之，要一以贯之，终身坚持。在这三种“自我”中，公务员既要注意摆正物质自我的位置，更需要对社会自我和精神自我的追求。我们平素所说的“境界”一般是指人对社会自我和精神自我的追求，对优良道德情操的崇尚。

第二节 公务员的认知重构

一 认知重构

临床上认知行为疗法和合理情绪疗法都明确将认知重构或认知改变作为整个治疗系统的核心部分，不同变式的CBT可能包括心理教育、症状自我监控、放松训练、认知重构和行为暴露等，但任何变式的CBT都包括认知重构这一核心部分。CBT以认知模式为理论基础，认为人们对事件的认知影响调节着其情感、行为及生理反应。

认知过程是CBT的核心部分，贝克（Beck）等人将认知加工定义为意识、自动思维和图式三个层次，其中意识处在最高层次，自动思维和图式（在CBT中被定义成用于信息加工的一些模板和规则，用以支持较为表层的自动思维内容）相对处于自动加工的层次。个体最初经历负性生活事件的时候，可能会感到困惑，并暂时以歪曲和负性的方式来解释对自己、对世界和对未来的看法，这就形成了适应不良观念。如果能提供与个体认知图示不相容且个体高度认同的适应性认知，这种适应性认知就可能替代原来的适应不良认知，从而产生认知重构过程，打破抑郁和适应不良认知之间的恶性循环。认知重构策略是在治疗过程中教会来访者识别自动思维和图式，然后改变认知的技术。具体来讲，认知重构是指通过提供支持和不支持适应不良认知的证据，让当事人觉察这种认知中包含的错误从而动摇对适应不良认知的坚持，并最终形成可更全面反映他们经验的可替代的适应性认知。需要指出的是，认知重构策略的目的并不是用“好的”认知来替代“坏的”认知，而是鼓励来访者采用科学的方法来对其预测、观点或解释的正确性进行重新检查。认知重构过程主要包括四个步骤：①识别自动思维等错误认知；②识别自动思维中的认知偏差；③用苏格拉底式对话来对自动思维进行合理的争辩，即为错误的自动思维提供支持和反驳的证据；④发展一个反驳自动思维的合理的替代性思维。

在理解认知重构之后，我们需要进一步思考顿悟和认知重构之间的关系是怎样的？事实上，在认知行为疗法中，顿悟和认知重构是同一个概念。

有人认为顿悟发生在识别自动思维的不合理性和意识到替代性的认知中，也有人认为当识别到错误认知背后的假设时会产生一个更加显著的认知改变（或一次更强烈的顿悟）。理论家韦斯伯格（Weisberg）认为，顿悟就是对信息的重构过程，也即以一种完全不同的思维方式去看以前的事情。他认为，可以通过比较问题解决者一开始对问题的解答与最后的正确解答来判断一种认知任务是否涉及顿悟过程，要想了解顿悟过程包含这个认知任务需要符合几个条件：第一，最后的正确答案与刚开始的解答有区别；第二，最后的正确答案是通过认知重构实现的；第三，最后的正确答案只能通过这个重构过程实现。

总之，在 CBT 中，顿悟和认知重构都强调对适应不良态度的觉察和形成适应良好的新态度，核心是强调认知改变。基于以上的讨论，运用认知重构技术来诱发认知行为疗法中的顿悟过程。然而，认知重构过程包含了一系列结构化的干预过程，难以在有限的几秒时间内完成所有的步骤。那么，我们可以通过提取其中的某些典型成分或基本核心单元来代表整个认知重构过程，从而达到诱发顿悟的目的，为进一步揭示认知重构的神经生物机制提供可能。

二　认知重评

研究发现认知重构包括三个主要的因子：①情绪的认知重评，即通过改变对情绪诱发刺激或情境的评价来降低情绪反应；②建设性重新关注，即不是去改变情绪发生情境的事实特征，而是承认发生的事件，然后努力去重新构建或重新解释这个情境的功能或结果（接受已发生的事情，认知重点在于关注何种行为选择更有功能性或更有益处，或关注可从这个情境中学会什么）；③分心性重新关注，注意事件的积极特征，主动不和负性情绪诱发刺激或环境发生认知联系。其中，认知重评是认知重构的重要方法和组成部分，并且已经形成相对成熟的认知重评范式。

认知重评范式是通过实验室方法研究情绪认知调控机制的一种方式。绝大多数认知重评的研究中，要求被试对负性图片进行重新解释，比如指导被试关注图片中相对正性的方面或想象该情境可能发生的正性结果，或者将图片内容想象成虚假的等，通过这些方式将明显负性的事件以一种不那么负性的方式做出重新解释。

格罗斯（Gross）使用情绪视频短片作为实验材料，发现认知重评调节使负性情绪体验显著下降，交感神经活动性显著降低，但抑制调节没有显著降低负性体验，且会使交感神经活动升高。这个实验说明，认知重评是适应良好的情绪调节策略，而抑制表达则是适应不良的情绪调节策略。这项研究对情绪调节领域的研究产生了重大影响，引发了一系列关于认知重评的情绪调节研究。自从脑成像技术在心理学研究中广泛应用以来，以奥克斯纳（Ochsner）为代表的研究者进行了一系列关于认知重评调节负性情绪的脑成像研究。研究发现认知重评减弱了观看负性情绪图片时杏仁核和岛叶的活动，杏仁核在情绪唤醒刺激的探测和编码中发挥重要作用，岛叶在接受内脏感觉的输入及产生情绪体验中起到一个总体的作用；同时还发现认知重评激活了背外侧和腹外侧前额叶以及背侧前扣带部分，背外侧前额叶区域可能支持工作记忆和选择性注意，腹外侧前额叶参与语言和反应抑制，参与监测控制过程，背内侧前额叶参与反映自己或他人的情绪状态。

认知重评范式使用标准化的国际情绪图片作为实验刺激材料，具有良好的可信度，能够在有限的时间内多次重复呈现，这无疑为研究负性情绪认知调控机制提供了一种理想范式；但是它无法反映与个体适应不良认知相关联的认知重构过程（顿悟过程），并且和心理临床治疗情境中发生的认知重构过程有着很大的区别，比如情绪图片大多脱离现实生活，很难诱发咨询过程中的交流情境。在现实的心理咨询或治疗过程中，治疗师和来访者通过苏格拉底式对话来实现认知重构过程，即治疗师通过逐步向来访者提出能够激发他们好奇心的问题使来访者主动参与到学习和治疗过程中。

三 认知重构的一些其他建议

（一）让心灵得以平静

放松技巧一旦应用，精神就会开始放松，而且意识会从一种分析的模式转变为接受的模式。在这个放松的过程中，正在吸引意识注意的那些不重要想法被驱散，这使得个体对当前的问题能够采取更宽广的视角。这样的视角随之会给个体以启发，并且为积极观念的产生打开了方便之门。

（二）为自己的想法负责任

处于压力之中时我们可能觉得自己是受害者，而事情总是自己所不能控制的。一种获得暂时性控制的方法就是，因自己感到了压力而觉得不公平，从而责备他人。责备与愧疚相关联，而愧疚就可能是一种毒性思维。如果你发现自己正为那些让你受伤害的事情而责备他人时，问一下你自己，你怎样才能将责备他人转变成对自己的思维和情绪负责任，而这种责任感是不会产生愧疚的。

（三）调整先前的预期值

人们相信，调整先前的预期以面对压力要比事情发生以后换一种态度容易一些。很多时候，我们都是带着预想去做事情。当这些预想未被满足时，消极的想法就产生了。调整预期并不意味着降低自尊，而是意味着通过现实的检验调整你的知觉，质问其有效性，从而使它们与实际的情况相适应。

（四）给自己积极的肯定

在意识中持续进行的内部交谈常常被那些消极思维占据，这些消极思维是由自我出于防御的目的而产生的。尽管最初产生时是出于良好的目的，但占据优势的消极自我反馈会不断侵蚀自尊。而积极的肯定能够用积极观念平衡这些内部心理对话，从而增强人的自信和自尊。试着对自己重复一句能够增强自尊的话，例如“我是一个可爱的人”或是“我是胜利者”。

（五）强调积极的一面

积极的思考和关注积极方面是有区别的。积极的思考是希望的一种表达，它与未来相关。它通常以设定目标、向往和梦想为特征。尽管积极思考可能是健康的，但过度的积极思考却是不能接受的。关注积极方面是一种对当前情境进行解释的过程，它关注的是当前。承认那些消极的方面，并从中吸取教训，不要固于其中；把注意力集中在那些积极的方面，并在这些基础上构建积极的观念。

第三节 公务员人格魅力塑造

一 公务员人格魅力

（一）人格魅力的内涵

人格最早在古希腊被人提及，古希腊的人格类似于中国的京剧脸谱，就是在舞台上通过佩戴不一样的面具而展示不一样的特性，人格表示的是人内心深处和表面的自己。人格的含义在不同的地方，也会大不相同。人格用在法律方面，就表示公民所拥有的权利，这种权利能够受到法律的庇护；人格在道德上表示一个人的思想品德以及行为习惯；人格在心理学中表示一个人在不同的环境之下，都能拥有稳定的心理素质，表现特征相对持久。我国学者陈少华等人把人格界定为个体内在行为上的倾向性，它表现为一个人在不断变化中的全体和综合素质，是具有动力一致性和连续性持久的自我，是人在社会变化过程中形成的，给予人一定特色的身心组织。所以人格是一个具有综合性意义的概念，既包括研究主体内心深处的感知倾向和内在需求，也包括主体的行为认知和情感态度；此外还能够体现研究对象的价值信念和行为标准。将以上内容进行整合、相互关联，就形成了人格特性，虽然外界环境能够不断地改变，但是人内心深处的特性一般比较稳定，改变不会太大。在对人格有一个具体认识的同时，我们应当注意到，在公务员队伍中高层领导干部与中层领导干部在人格上的区别主要在于其站位，由于两者视野的不同，其格局与胸怀也不同，在人格倾向上两者均具有主动支配能力，但是在思维方式上，高层领导干部更具有创造思维而中层领导干部则更注重逻辑思维；高层领导干部更注重战略上的考量，而中层领导干部则要把握具体的工作，考虑战术的运用；在能力上，高层领导干部更注重观念技能，而中层领导干部更注重技术技能。

“魅力”表示对别人的吸引力，个体在和别人进行沟通交往过程中，通过展现自己稳定的学识和才华，对别人产生一定的吸引力就是魅力。一个人如果魅力无限，那么周边很多人都会受到影响。一般而言，如果一个人事业有成，那么他的言行举止必然会有一些独特，能够吸引别人，这就是人格魅力。这种气质涵养、能力和道德都会吸引别人，具有一定的号召力，通过对他们进行一定程度的影响，能够增加团队和组织的凝聚力。

综上所述，人格魅力就是指一个人在品质、知识才能、气质修养等要素方面所表现出来的能够吸引人、凝聚人、感召人的力量。

（二）公务员人格魅力的研究

从20世纪起，众多专家和学者开始研究“人格魅力”这个主题。国外学者对于企业家人格魅力的研究始于20世纪韦伯的研究，他们在研究“人格魅力”时大多以企业家作为研究对象，领导干部的人格魅力从一定程度上而言和企业家差别不算显著。德国社会学家韦伯于20世纪初首次提出了魅力的概念，他认为如果公务员具有绝对的人格魅力，那么他们就会产生很大的引导作用，下属就会心甘情愿地听其号召。

在对具有领袖魅力的公务员个性特点的研究中，爱德华·曼德尔·豪斯（Edward Mandell House）也表示，如果领导干部非常具有人格魅力，那么他们的信念会比较坚定，他们有信心将工作出色地完成，而且能够支配别人的行为。时势造英雄，独特而又超脱的人格魅力只有在特殊的情况下才能够被激发。

沃伦·本尼斯（Warren Bennis）在研究90名美国最有成就的领导干部之后，发现魅力型领导干部有四种共同的能力：①愿景目标明确；②与下属的有效沟通；③坚定自己的理想和追求；④具有自我认识和控制能力。

中国学者总结了西方相关研究理论成果，进行了进一步研究和探索。胡恩波指出，魅力型干部具有一定的冒险意识，他们能够明确自己的目标，在任何环境都能够随机应变，通过创造性的行为给自己和团队开辟道路并实现目标。有的学者认为，公务员人格魅力是建立在个人魅力、知识、才能、资历等要素之上的，对他人具有很强的吸引力。从哲学意义上讲，人格魅力是一种物化在人的身上的一种高尚的精神产物；是通过对他人的非强制性的影响，实现其对客观世界的改造。他认为公务员人格魅力的构成主要包括：精神魅力、品格魅力、才能魅力、仪表魅力、情感魅力。陈文兵认为，品德、知识和才能、气质这三大要素是我们基层公务员构建人格魅力的核心。

众多学者认为，人格魅力作用极大。吴国英提出，如果一个公务员具有很大的人格魅力，那么他就能够对他人产生一定的作用和影响力，让他人不自觉地被吸引；李雪梅表示，磁铁具有一定的磁场，能够吸引铁器，人格魅力的作用就像这个磁铁一样，能够吸引别人甚至能够让人无视其他因素，听从领导干部感召；牛廷伟认为，人格魅力对公务员而言，是一种具有强大吸引力和感染力的特殊气质禀赋与宝贵精神财富，是一种能够激发和召唤部属胜利前进的精神动力与精神旗帜；陈文国认为，公务员构建人格魅力，要站在整体角度上思考问题，坚持以服务为基本工作方式，建立顺畅的人际互动关系，为下属实现价值创造条件、搭建舞台，营造充满诚信的职场环境。

同时，我们还发现了公务员人格魅力的三种特性。

恒长性：公务员人格魅力对下属的影响是潜移默化的，在日常工作中，如果领导干部能力内外兼备、思维清晰、具有专业水平、思维理念颇为先进，那么下属就会更加青睐这类领导干部。在工作中，领导干部的思维方法和工作方式会对下属产生很大的影响，对于下属的进步和发展具有很大的推动和促进作用。

示范性：公务员在做事的时候会受到下属的关注，他们的处事风格和言行举止都会对下属产生很大的影响，具有一定的示范作用。

内隐性：公务员的人格魅力是下属在日常工作与生活中可以感受到的。它同时又对公务员提出了更高、更严的要求标准。在工作的传达以及工作方法的运用中，公务员不仅要用言语传达，也要用自身的行为去影响下属。下属通过公务员的言行举止，将公务员的人格内化成自己的品质，进而优化自身的行为。

希尔博士（美国，心理学大师）曾经表示，真正有魅力的人最让人折服的是他们的人格。领导在对下属具有一定的示范作用，能够改变下属的工作效率，提高他们的绩效水平。然而这种影响力并非通过职权来获得的，而是通过他们的气质和道德，他们内外兼备的人格特点，如创造性、冒险性等。这种潜移默化的影响，将会更加深入人心，作用将会更加持久。

经过对国内外学界关于公务员的人格魅力的概念、组成部分以及人格魅力的定位的梳理，结合中国实际，将公务员人格魅力的定义以及组成要素概括为：公务员人格魅力是公务员精神的核心要素，是以其自身的学识、情感、修养、气度、思想、道德、仪表、冒险性（面对不确定性和风险的勇气）、环境识别、关怀下属为内驱力起作用的征服、激励以及感召下属的力量。

二　公务员人格魅力的塑造

（一）公务员应具备的人格魅力

1. 品德优良

德作为考量干部能力的重要因素显得越来越重要，尤其是新时期，公务员身上肩负着新的历史使命，德才兼备、以德为先的用人标准也体现出德的重要性。公务员德的修养决定着工作作风扎实与否，公务员行动正确与否。德的修养对党的执政能力产生着巨大影响，一定要正确对待德的修养，提高政治觉悟，促进工作更好地开展。公务员作为党和国家各项事业发展的中坚力量，既承担着公务员和推进科学发展的重要职责，也负有组织、落实和推动学习型党组织建设的光荣使命。公务员要坚持把学习作为提高素质、增强本领、做好公务员工作的根本途径，发挥示范带头作用，带动整个干部队伍形成加强品德修养的良好风气。品德是植根于人内心的根深蒂固的东西，荣誉则如过眼云烟，重品德重修养可以彰显人性的伟大，德国诗人歌德曾说过“品德比荣誉活得更长久”，足见品德修养的重要性。有一句话说得好“威信决定干部领导力”，公务员在德方面要注意以下几方面。

首先，公务员应具备公正廉洁的本色。有了公正，其对工作对事业才会讲原则；有了清廉，才能做到立得正、行得稳。面对纷繁复杂的世界，要保持平静的心态，以清廉为荣、以谋私为耻，不为繁华困扰，不让名利缠身，不因贪逸丧志，过好名利关、权力关、人情关、金钱关、美人关，挡得住诱惑、管得住小节、耐得住寂寞。

其次，要作风正派，洁身自好，以个人素质彰显公务员队伍形象。无论在何种领导岗位，要做到风清气正、刚正不阿，对人不因地位高低而献媚或怠慢、功过不因私情而误评、是非美丑不因功利而颠倒。这样的人格，就像出水的芙蓉，出淤泥而不染、浊清涟而不妖，中通外直、不蔓不枝，谁不仰慕它的高洁、谁又不欣赏它的美呢？人格的力量是无穷的。一个心胸宽广、豁达、坦荡的人，是一个有向心力、凝聚力的人，也是能聚集力量干大事的人；一个作风正派的人，是一个令人敬仰、受人尊重的人。如果一个团队的成员都能如此，必是有生气的团队；地域一方的党员干部都能如此，必定是一方和谐稳定、人民安居乐业、富甲天下的景象；整个国家若如此，中华民族伟大复兴便指日可待！

再次，个性张扬要适度。个性太张扬有碍于公务员队伍工作，一个有威信的公务员应该是有收有放的领导干部，把握好张扬和收敛的时机，如果把握不好这个度，往往会有失威信。公务员无论在何时何地都要保持一种稳重的生活方式和处世态度。一个稳重的人不会随便溜须拍马，也不会八面玲珑四处讨好别人，更不会任意捏造、背后批评别人，而是将自己的意见清晰地表达出来，平心静气地倾听和接受别人的意见。如此待人处世方显稳重威严。

2. 广博的学识

作为一名公务人员，要广泛学习经济、法律、历史、科技等方面的知识，带着问题学、联系实际学，努力做到学有所思、学有所获，学以致用，不断提高工作能力和工作水平，达到“优化知识结构，提高综合素质，增强创新能力”的目标。要多学一些哲学，想问题看事情就多了一些理性的辩证成分，就会用发展的、联系的、全面的、系统的观点和方法去分析和思考问题，工作起来就能得心应手、事半功倍。要加强组织工作业务知识的学习，组织工作政策性强，直接关系干部职工的切身利益，必须加强学习，成为组织工作方面的专家和行家里手。

3. 良好的形象

公务员在社会中，无时无刻不与社会各类人交往联系，要顺应社会的发展，调整自身在社会环境中的位置，调节好与各类人的关系，法无定法，以不变应万变、巧妙施法，处理好人际关系。领导干部，相对于普通工作人员来说，就更需要谨言慎行，注意自我形象，领导干部的一言一行不仅代表着自己，还代表着单位或部门，同时又具有榜样示范的作用，领导干部的举手投足、言谈话语无不向周围人群透露着某种不确定的信息，而其他人也往往会注意这些细节，以便察言观色，所以，领导干部应时刻注意自己的言行。

4. 谦逊待人

成功的公务员都拥有一支善于合作的团队，公务员要管理好自己所领导的单位、部门，率领自己的团队成员在组织氛围、工作默契和战斗力等方面下功夫，要具有各负其责、共同参与、相互倾听、畅所欲言、团结互助、互相认同等特征。在工作中要以情驭人，用情去感动人、感化人。

一是公务员不可居功自傲。当处于领导干部位置时，不能沾沾自喜、不求进取，成功的公务员往往不会居功自傲，而会脚踏实地地向着更高远目标前进。我国历史上的邓艾以奇兵灭西蜀后，不觉自大起来，司马昭对他本来就有防范之心，当看到他目空一切时，怕其有变，于是发诏书调他回京当太尉，明升暗降，削夺他的兵权。自傲于自己无益，导致人际关系紧张，使人丧失理智，要谦逊做人，要谦逊进取。

二是养成赏识别人、激励别人的习惯。公务员，特别是领导干部要用赏识的眼光看待自己的下属，“容人之过，用人之长，记人之功，委之以任，待之以礼，施之以慧”。这样才能激发下属工作积极性，使内部建立宽容、和谐、协同的人际关系。

三是注重感情关怀。实行柔性管理，内在重于外在，精神重于物质，肯定重于否定，感情交流重于纪律改革，以情驭人重于以权压人等。古人云“得人心者得天下”，不仅是想得天下的公务员需要得人心，就是想在其他方面有所得的公务员，也必须做到得到人心才可以。

（二）塑造人格魅力的途径

公务员人格魅力的提升和公务员廉洁自律是环环相扣、一脉相承的，公务员塑造人格魅力非一朝一夕之功，而是终生的事业，具体说来，有以下几个途径。

1. 提高品德修养

品德，是人依据一定的道德准则行动时表现出来的稳固特征。人的品德如何，对人生具有重要意义。《礼记·祭统》云：“其德薄者，其志轻。”英国大思想家弗·桑德斯说：“品格能决定人生，它比天资更重要。”今天，我们又把品德当作第二身份证，以品德修养塑造自己的真正形象。“德者，得也”意思是说，一个人只有具备了崇高的品质，才会有所得。品德修养是一种改进和完善自己的自觉行为，所以，德行修养的自觉性，将决定着这种修养的成效。为了加强自我品德修养的自觉性，首先要对自己的性格缺陷有清晰的认知。因为如果一个人把性格缺陷看成是无关紧要的，那他就会对品德修养的自觉性失去热情从而进一步影响人格魅力的形成和塑造。

品德历来被誉为人格之魂，综观我党杰出的党员干部，体现在他们身上的道德风范、人格魅力，都经过了漫长的岁月洗礼，为后人所景仰。周恩来的人格魅力堪称完美，被具体界定为爱憎分明的政治人格、公而忘私的道德人格、坚韧不拔的心理人格、聪慧高超的智能人格、崇尚新美的审美人格等五个方面。美国前总统尼克松访华曾盛赞道：“这次访问给我留下最鲜明的印象就是周恩来无与伦比的品格。”此外，刘少奇的《论共产党员的修养》曾作为全党的必读课本。邓小平、江泽民、胡锦涛等同志在论述党的建设时都强调要讲修养，讲道德。习近平同志也特别指出“依法治党”和“以德治党”要两手并重，既要加强法治和党纪建设，也要增强党员干部道德修养，二者不可偏废。道德高尚是公务员队伍清正廉洁的基础。事实证明，高尚的人格就是由一代又一代优秀的党员干部通过其生命活动尤其是实践行为所体现出来的独特的精神内蕴。党员干部从解决如何做人、如何从政、如何用权这三个基本问题着手，加强品德修养，就能塑造人格魅力；从小节入手，从细微处入手，严格约束自己，就能端正思想作风，始终保持党员干部的高尚情操和道德风范。

2. 提高自身素质

党员干部自身素质能力能否适应职责使命需要，是决定其是否具有人格魅力的本源。党员干部多在不同的领导岗位，其素质和能力不可能随着职位的升迁而自然提高，党员干部必须清醒认识到自身能力素质上的差距，树立只争朝夕、终身学习的时代精神，当前更要积极投身学习型党组织的建设，争当学习型的党员干部。要针对自身素质存在的“短板”和弱项，制定有针对性的学习计划，做到缺什么补什么、弱什么强什么，只有不断地学习新知识，特别是加强马列主义、毛泽东思想、邓小平理论、“三个代表”重要思想、科学发展观和习近平新时代中国特色社会主义思想的学习，加强市场经济理论和现代科技知识的学习，才能认识和驾驭市场经济规律，统揽改革与发展的大局，增强工作的原则性、系统性、预见性和创造性。只有把学习作为贯穿一生的重要实践活动，生命不息、奋斗不止，才能做一个学识渊博、令人敬仰的知识型、学习型的党员干部。

3. 增强勤政意识

公务员具备勤政务实的工作作风以及在工作中做出的不平凡业绩的意识。新时代下，我们更要不忘初心，牢记为人民“当牛做马”的服务意识和求真务实的工作作风。

一要俯下身子，贴近群众，甘当孺子牛。领导干部要放下架子，深入群众，把群众当作亲人，切实关心群众疾苦，解决实际困难。党员干部的优秀代表焦裕禄同志就以其亲民、爱民、为民的公仆形象赢得了人民衷心赞誉。

二要立足本职，兢兢业业，当好老黄牛。只有那种把事业摆在第一位、踏踏实实做事的公务员，始终保持着老黄牛的精神，才能在人民群众心目中塑造良好的形象。

三要锐意进取，开拓创新，勇当千里马。公务员到了领导岗位，一定要甩开膀子，解放思想，大胆开拓，要锻炼日行千里的能力，更要有锐意改革永不停息的进取精神。

四要身先士卒，率先垂范，当好领头羊。邓小平同志说得好，凡是需要动员群众做的，每个党员，特别是担负领导职务的党员，必须首先从自己做起。领导干部做出表率，群众自然会以你为榜样，一呼百应，令行禁止。

4. 提升文化品位

人格魅力离不开文化涵养。一个人从仪表、气质、风度到语言、艺术品位、思想，越是富有文化内涵越是具有人格魅力，人格形态所具有的文化含量与产生的人格魅力成正比例关系。习近平同志在中共第十八届中央纪律检查委员会第六次全体会议上指出：“抓作风建设要返璞归真、固本培元，在加强党性修养的同时，弘扬中华优秀传统文化。”低级庸俗的生活作风通常容易成为不法分子的突破口，在当前社会转型、物欲横流的特殊形势下，领导干部尤其需要培养健康向上的生活情趣，怡心养性，锻造成为一种具有高尚的人生品位、道德建树和人格魅力的人。毛泽东扣人心弦的演讲，独具风格的书法艺术，脍炙人口的诗词作品；陈毅、叶剑英对诗词格律的造诣；邓小平的醉心耕种；江泽民娴熟的英语技巧和音乐爱好；习近平平易近人、引经据典的演讲艺术。这些高尚的兴趣爱好，都充分折射了我党领导干部深厚的文化底蕴和闪光的人格魅力。

5. 培养领导艺术

领导艺术，广义上说，是指公务员的人格魅力、智慧、学识、胆略、经验、作风、品格、工作方法和能力在实务工作中的具体体现。在繁重的公务中，游刃有余地平衡各方利益，平稳处理好发生的各类突发事件，指导着经济、文化等各方面的事业发展，需要的是公务员科学的方法论，还有强大的领导艺术，这是塑造公务员形象的最重要途径。

6. 树立亲和形象

在中国儒家文化看来："君子不重，则不威"，君臣只有稳重、庄重，才能让下属和百姓产生敬畏感。正是儒家对君子"庄""重"的偏好和认知，几千年来逐渐形成了中国政治人物特有的端正内敛的气质和形象，以至于今天，传统主流媒体塑造出来的公务员形象也多是庄重有余。

作为公务员，内敛、庄重能够透露出泰然自若的自信，散发让人敬重、信服的个人魅力，这也正是中华优秀传统文化的具体体现，但同时也容易让人产生高高在上、不近人情的刻板印象；再加上长期以来严肃的政治生态环境，使得领导干部有性情和个性也不敢流露，即使有所流露，也被严肃的主流媒体过滤并包装成为"高大上"形象。

第四章

公务员的情绪管理

情绪管理是指个体和群体对自身情绪及他人情绪的认识协调、引导、互动和控制，充分挖掘、培植个体和群体的情绪智商，培养驾驭情绪的能力，从而确保个体和群体保持良好的情绪状态，并由此产生良好的管理效果。作为公务员，必须树立正确的情绪管理理念，学习有效的情绪管理方法，并注重人际关系中的情绪管理。尤其要敏锐感知和处理好群体性不良情绪，维护社会稳定，这是公务员的一门必修课。本章从情绪与健康、公务员情绪管理的意义、公务员不良情绪的自我调适以及公务员积极情绪的培养四个方面进行阐述，为公务员的情绪管理提供客观的指导。

第一节　情绪与健康

一　情绪概述

（一）情绪的概念

艺术家罗丹曾说过，“艺术就是感情”；美学家苏珊·朗格说过，“一切艺术都是创造出来的表现人类情感的知觉形式”，艺术作品一旦背离了情感就没有办法论述其存在的艺术性。生活经历、人生体验、经验积累对于艺术创作而言至关重要。尤其是生活，艺术本质上是反映生活，生活的主体是以人为中心，所以艺术创作的本质是表达人的情感与思想，好的艺术作品更能体现创作者以及人的思想、情绪、个性乃至灵魂。

关于情绪，通俗来讲作为情感的一个分支，同样也是一种人的内部的主观体现，但在情绪产生的时候，通常都伴随着某些外部表现，外部表现往往可以通过一些行为特征来捕捉，而隐藏在内心里的情绪往往难以观察与捕捉。情绪的状态，是指在某种突发情况或处于某种环境的影响下，在某个时间段内或是瞬间由人所产生的特有的心理表现。人们对于所发生事件的态度的不同体验，产生情绪的多方面倾向，或是积极或是悲观等，情绪的表达实际上属于情绪管理中情绪调节的部分，因此，表达情绪也是调节情绪的一种方式。生活中大小矛盾的出现无可避免，由此引起一系列的情绪迸发与表达。

（二）情绪的实质

从心理学的层面来看，情绪实质上是一种情感状态。与情感、感知或影响相比，情绪表现得不那么具体和强烈，也不太可能被某个特定的刺激或事件激发而实例化。此外，情绪也不同于人长期具有的秉性或气质特征。乐观或神经质等性格特征会诱发某些类型的情绪。长期的情绪障碍，如临床的抑郁症和狂躁症被认为是一种心理疾病。总而言之，情绪心理表现为一种内在的、主观的状态，通常可以从表征和其他行为中推断出来。

从情绪的生理学层面看，情绪实质上是外界刺激作用于人体感觉器官，通过感觉通路汇聚、接入大脑与情绪相关的各级中枢，再沿传入侧支使脑干网状结构兴奋所生成的生理知觉。卡侬将人的丘脑看作情绪的中枢，情绪产生过程中丘脑中枢对大脑皮层抑制作用减弱后会产生反向亢进效应，其间丘脑情绪冲动上行接入大脑皮层感知系统，从而生成了情绪生理体验。

从情绪的行为学层面看，情绪行为实际上是外在刺激作用于人体内部生理机制过程中，丘脑情绪冲动下行沿传出通路到达骨骼肌肉和外周神经系统，引起生理唤醒和反应，所产生的情绪的外在表达。

此外，情绪作为一种行为倾向，其目的一方面是促使个体产生某些行为媒介，以此来构建、维持或打破与外界各种因素的关系，另一方面是借此满足个体表达身心状态的诉求和欲望。

（三）情绪的分类

个体可以体验一系列被定义为好的（如高兴、放松、骄傲等正向情绪）或坏的（如悲伤、恐惧、愤怒等负向情绪）情绪，人们一般谈论的心情好或坏就是最直接的体现，但情绪不仅有好与坏之分，也具有基本情绪和复合情绪之分。基本情绪是指最原始或与生俱来的情绪，即快乐、愤怒、悲哀、恐惧。复合情绪是基本情绪的社会化演变，即生理、心理、认知、行为等多种因素的复合，并涉及人与人、人与社会环境之间关系的复杂情绪状态。因而基本情绪能够为理解复合情绪提供基础。

迄今为止，得到广泛研究认可的是罗素（Russell）的情绪分类环状二维模型，该理论将情绪划分为愉悦度、强度两种维度和四种类型：①愉悦—高强度：高兴、快乐、兴奋、欣喜、愉快、惊奇、激活；②愉悦—中等强度：安心、满足、安逸、宁静、轻松、疲乏、欲睡；③不愉悦—中等强度：悲哀、伤心、沮丧、厌烦、颓废；④不愉悦—高强度：惊恐、紧张、苦恼、愤怒、失望等。

这四种类型囊括所有基本情绪及多数具有差异化的复合情绪，日常生活中，情绪是个体随时都会生成或面对的一种感觉状态，它特殊的知觉体验以及各个情绪状态间模糊的界限，让我们在认知和了解它们时存在较大的障碍。复合情绪状态相对于基本情绪状态而言，更加贴近个体最真实的感知，如若能够对青少年群体不同情绪状态实现量化分类，帮助个体界定模糊不清的、让其不安的感觉，及时应对不良情绪的影响，将能有效缓解青少年群体情绪类问题。

（四）情绪与认知

情绪是一个心理学名词，科普中国曾将其定义为：情绪是对主体感知经验、多种感觉、行为等一系列心理和生理状态进行综合后的统称。现代英国著名心理学家莫里斯（Morris）认为，情绪是一种温和的、普遍的、扩散化的感觉状态，在体验上表现为愉快或不愉快，且能够为日常活动提供情感色彩。其实则源自人的思想、感受及外界因素所引导或促使我们产生的内在表征，即一种内在主观体验。当情绪生成时，总会伴随出现一些外部生理表现和特征，称之为外表情，例如面部表情、身体动作、语音语调变化等。认知是指个体获取知识、技能或体验的过程。从系统层面来解释认知过程，其实际上是指个体主动或被动接收外界信息，并对其进行自适应转化，生成心理活动，进而影响生理系统，最终控制人行为能力的信息加工过程。作为人生存所需的最基本的心理活动，它包括感知、知觉和思维等。个体情绪与认知二者相互独立且不可分离，情绪驱动认知，认知影响情绪。

从情绪对认知的作用来看，其所表现出的驱动或制约作用主要体现在：正性和负性情绪作为一种个体大脑中相对立存在的状态，从开始到结束会不断地影响信息的选择加工的速度和质量，进而影响认知层级，通过调整认知方式反馈给个体系统以适应相应的情绪状态。

通常，适当强度的正性或负性情绪状态能够有效提升或明显降低认知加工的效果，但正性情绪强度超过相应强度范围会适得其反，若两者情绪强度过低则均无法对认知过程产生驱动作用，这种不同情绪状态及强度对认知活动所产生的不同效应称为“叶克斯—道森定律”。从认知对情绪的影响角度来看，其所表现出的制约或提升影响体现在：认知层级从低级上升到高级的过程中，使得情绪表现水平及情绪性质也有所区别，最终仍需与认知层级需求相适应。

然而，公务员作为情绪类问题疾病的易感、高发人群，结合以上分析推断，一方面是由于个体在阶段性认知方式和层级上有所局限，另一方面源于情绪抽象、无形的存在形式，且只能依靠个体知觉感知，加之本身及外在环境因素的干扰，使得个体倾向于忽略或易产生误判并无法形成相应的情绪问题意识。

（五）情绪与情感

情绪与情感既相互联系，又互为基础。稳定的情绪状态作为情感形成基础条件的同时，又得以通过情绪反应表达出来。而情感的深切度和性质在某种程度上分别决定了情绪的表现强度和形式。

在日常生活或设计研究中，情绪（Mood）和情感（Emotion）两个词通常交替使用，尽管它们都代表着感情状态系统，但在激发状态、体验形式和行为表现上仍有所区别。通常情况下，由事物的表象所引起的情绪反应在先，是一种与满足个体生理需要相联系的感性体验过程，其特征是持续时间短，唤醒过程渐进且连续，同时具有全局性；与情绪不同，基于对事物的深刻认识和感知过程中发展出来的情感体验在后，是一种与人的社会需要相联结且复杂、高级的感性体验过程，其特征表现为持续时间长，激发过程快，但具有间歇性和针对性。

从关注点的区别上来看，著名心理学家莫里斯（Morris）认为，情绪与情感的关键区别在于，情绪聚焦于对内部状态的监控和反馈，而情感则对应于将外部环境等作为联系和表达的对象。但归根结底，情绪是情感的外部呈现，而情感是情绪的实质性内容，二者是具有同一感情性质的心理活动，均可以通过面部表情、语言语调和身体姿态等行为方式具象地表现出来，且对一个人的感知、判断和行为动机等产生持续和广泛的影响。

将情绪和情感拆开进行细致的对比分析，有助于系统地理解和准确区分、定义两者关系，让我们清晰地看到二者在不同方面的不同价值。此外，在设计研究的某种意义上，相较于出现较早的情感化设计而言，情绪设计研究不仅是对已被广泛情感设计研究的细化，而且意味着新的挑战和设计机会。

二　情绪的识别

情绪识别理论是情绪理论应用研究的延伸，情绪识别是通过获取人的生理或非生理信息特征对人的动态情绪状态进行量化和感知的过程。心理学家通过研究认为情绪识别具有普遍性，其观点最早就在达尔文（Darwin）在1872年所写的《人类和动物的表情》中有所涉及，他认为人的情绪和表情是生来即有的且普遍化的，个体之间能够识别来自不同种族文化、行为习惯的人的表情和情绪状态。

原本，情绪识别被定义为个体之间一种具有同理心的单向或双向主动情绪感知与理解。但随着数字信息技术水平的不断提升，其定义也发生了相应转变，即依靠生物传感器识别和计算机分析等直接或间接与个体进行接触，获取被量化情绪状态信息的过程。20世纪末期，麻省理工学院的皮卡德（Picard）教授提出了情感（绪）计算理论，他认为计算机具有获取、识别、理解、表达及适应人的动态情感过程的能力，是构建未来和谐人机交互环境的前提。

（一）情绪机理判定

情绪机理判定作为情感计算最基本的前提，其主要是对相应情境下产生的生理或行为特征与情绪状态关系做出判断，确定有无关联性。

（二）情绪特征信号获取

情绪特征信号的采集是后期情绪状态分析和识别的基础，即通过一些科学或合理的方式将情绪特征量化为数据形式，以便对情绪状态进行定性分析和识别。现有获取情绪特征信号的方式包括以下四种：①可穿戴传感设备情绪信号获取：通过携带传感器的可穿戴设备（如手环、手表、衣服等）来测量，获取生理信号，如心率、皮肤电导、血压、体温以及呼吸频率等。②自然接触传感设备情绪信号获取：这一类型的设备不需要用户佩戴传感器，而是将传感器直接附着在身体或皮肤表面。其优势是设备技术具有非侵入性，能够尽可能保持更自然的人机交互体验状态。③非接触式传感设备情绪信号获取：人体和传感器之间不需要进行直接物理接触。其主要是基于视觉或听觉等生理状态，诸如面部或语音表情、身体姿势、瞳孔直径以及眼睑闭合模式等信号。④自我表达情绪状态：它实际上是指利用一种可以促使个体表现内隐情绪的技术方式，便能够直接或间接地获取用户的情绪状态。例如，飞利浦为酒店客人开发的一款 MoodPad 设备，有了这个所谓的环境调适器，客人可以根据自己的心情对灯光、温度、窗帘和音轨进行个性化设置和调控，达到与之相适应的环境状态。

（三）情绪状态评估与识别

其作为情感计算的重要组成部分，目的是实现情绪状态评级或情绪类别定性。现阶段主流的识别方法有生理信号情绪识别（外周神经系统和中枢神经系统）和非生理信号情绪识别（如面部表情、语音语调和姿态表情等）两类。中枢神经系统的生理信号情绪识别（EEG）虽然检测准确率高，但是设备需求复杂，不太适用于一般场景；自主神经系统生理信号情绪识别（心率、血压、皮肤阻抗等）和非生理信号情绪识别检测准确率虽然一般，但设备需求简易且实际应用普遍，所以综合来看是目前比较合适的技术方法。

（四）情绪建模与理解

在实现对情绪状态的初步评估和识别后，利用计算机建立情绪模型，通过推导完成对情绪的感性理解。

（五）情绪传递与表达

作为一个输出的环节，将理解的最终结论以合乎要求的理想方式表达出来，是计算机与人形成双向互动的关键。

（六）情绪适应与反馈

作为一个调控的环节，情绪状态的实时变化需要以实时反馈为支撑，及时适应人的动态情绪过程。

三　情绪的调节

（一）情绪调节的概念

情绪调节可以被定义为人们试图改变他们的情绪而自发进行的一系列过程。早期的定义指出，情绪调节是一种根据情境需要，控制情绪反应自发产生或延迟表达的能力，更倾向于情绪控制，强调对负性情绪的体验和表达及其唤醒强度的控制，减少负性情绪对身心的影响。如今比较公认的情绪调节定义，即情绪调节包括监测、评估和改变情绪的内在过程和外在反应，并非单纯地减少或降低负性情绪，而是包括负性情绪和正性情绪的增强、维持、降低等多个方面，没有必然的好与坏，更强调不同情绪调节方法在各种情境中的运用。这样的理解一方面更能解释日常生活中的情绪调节现象，另一方面也在理论上将情绪调节与情绪控制区分开来，有利于情绪领域的继续研究与发展。

因此，情绪调节是一种影响情绪的类型、强度，发生或持续的时间，以及情绪的内在体验和外在表达的过程，包括对正性情绪和负性情绪的增强和减弱，强调情绪调节策略的情境适应性。

（二）情绪调节的特点

首先，情绪研究是情绪调节的基础，那么调节的情绪就包括正性和负性两种。被调节的情绪首先是那些让个体感到被排斥并且不利于身心发展的负性情绪，如愤怒、悲伤等。一般个体会自发地调节情绪，若情绪调节失效，负性情绪逐渐累积甚至发展到极致，便转变为病理性的情绪障碍，此时个体的内部情绪调节机制已失灵，需要进行临床治疗。在某种情况下，正性情绪也需要通过调整恢复到正常的水平，比如“范进中举”，太过强烈的正性情绪也会使人的情绪状态失衡。杨阳、张钦和刘旋（2011）利用ERP技术研究情绪调节策略对积极情绪以及后续认知任务的影响，发现情绪调节策略对积极情绪也会产生影响。综上所述，情绪调节的目的是通过一些策略方法调整超出正常范围的情绪以恢复个体正常的状态。

其次，情绪调节的范围包括两种：降低过高唤醒的情绪以及提高较低强度的情绪。可见情绪调节的方向不是单一的，而是双向调节，对过高唤醒的情绪进行调节是抑制、弱化的过程，对较低强度的情绪进行调节是提高和强化的过程。所以调节方向和效果不同，分为增强调节（up-regulation）和减弱调节（down-regulation）。伊诗贝格（Eisenberg）和法贝司琼（Fabes）认为个体在调节情绪的过程中，主要对情绪体验或相关行为和情境进行调节。

（三）情绪调节的分类

葛柔思（Gross）认为，情绪调节分为原因调节和反应调节。原因调节主要是对输入系统的操作，即加工和修饰由情绪所引起的原因，包括选择道德情境、调整道德情境、进行注意分配和改变个体的认知。原因调节包括评价重视与评价忽视两种情绪调节方式，评价重视是在评价上增加诱发情绪的刺激，最大化地增加情绪被诱发的概率，因为是增强刺激，所以它属于增强调节。评价忽视是在评价上减少诱发情绪的刺激，最大化地降低情绪被诱发的概率，因为是减少刺激，所以它属于减弱调节。反应调节是指在情绪被唤醒之后进行调节，是通过改变情绪的反应时间来调节情绪的。表达抑制（Expressive Suppression）与表达宣泄（Expressive Revealing）是进行反应调节的两种方式。表达抑制是指抑制即将发生或已经发生的表情的释放，主要是抑制面部表情的释放进而达到阻止情绪的表达，它属于减弱调节。表达宣泄是指个体尽情地去表达或感受已经被激活的情绪，更多地表现在面部表情上夸张地宣泄或表达自己的情绪，它属于增强调节。

（四）情绪调节的理论模型

情绪调节是一个持续的过程，在此过程中的每个阶段个体都会应用不同的策略。情绪调节涉及潜伏期、发生时间、持续时间、行为表达、心理体验、生理反应等不同方面。葛柔思提出的情绪调节加工模型，也是目前研究者较为认同的情绪调节模型。

葛柔思认为在情绪调节的每个过程中都有与之相对应的调节策略。根据动态过程可以分为情境、内容、意义和反应四个阶段，情绪调节根据时间进程与四个阶段相对应，可分为五个过程。

情境选择（Situation selection），是指个体根据自己的判断选择或者回避可能会产生某种情绪的情境，比如，恐怖电影会引发负性情绪，个体在选择影片的时候就会避免观看此类影片。选择不同的情境会产生不同的情绪结果，所以在心理治疗当中为达到治疗效果，许多干预措施是要帮助个体创设或提供与别人愉快接触的情境，或者减少个体在产生消极情绪的情境中的活动。

情境修正（Situation modification），是指为了减少情境对情绪产生的影响，个体会选择改变此情境；比如，有的人看到脏乱差的环境就会恶心，当他看到环境很差的餐馆时直接走开，修正也是避开当前情境而去创设一个新的情境，所以情境修正与情境选择较难区分。

注意分配（Attentional deployment），是指分配注意资源至某种特定的情景以达到情绪调节的效果；注意分配的一种常见的形式就是注意转移，也就是走神。例如，当学生看到眼前的试卷感觉非常难而产生沮丧的情绪时，他会走神，如想到考完试可以去逛街吃美食，这时他就会非常开心。

认知改变（Cognitive change），是指为了减少当前情境对情绪的影响，个体会重新评价和认知特定的情景；认知改变包括两种：改变外部认知和改变内部认知。例如，竞选班长落选虽然会很失落，但是这个过程会使我自己觉得更加勇敢，更加认可自己。改变内部认知是认知改变的最常见的方式，与之相对应的情绪调节策略是认知重评。认知重评的目标有两个：一是改变情境与情绪之间的关联程度；二是改变情绪情境的潜在意义，以不同的角度去思考或者赋予情境以积极的意义。认知重评不仅会降低对消极情绪的评价，同时也会增强对积极情绪的评价。

反应调节（Response modulation），是指当情绪产生发展成熟之后，会通过负性方式直接改变已经产生的情绪体验、行为以及生理反应。例如，当一个人因工作失利产生烦躁、焦虑的情绪时，会通过喝酒、抽烟等方式来发泄自己的负性情绪，改变自己的主观情绪体验。目前研究反应调节最常见的一种形式就是表达抑制。

在情绪产生的整个过程中，情绪调节策略有许多，个体最常用且调节效果较好的策略主要有：注意分配、认知重评和表达抑制。

注意分配是关注情境中的某个方面，努力使注意力集中于一个特定的话题任务或者注意力离开原来的话题或任务。在许多神经成像研究中发现，在降低个体的情绪反应方面，注意转移比注意聚焦效果更好。维勒米尔（Vuilleumier）等人进行的研究发现，将情绪面孔表情作为刺激材料，会更吸引个体的注意力，此时大脑的右侧梭状回对面孔表现出的恐惧情绪表现出显著的情绪反应；而如若个体将注意力转移到与情绪无关的方面，此效应在右侧梭状回消失。

认知重评在情绪调节模型中属于先行关注的情绪调节策略。个体借助转变对情绪刺激的认识、理解角度重新建构对情绪情境的认知，重塑此事件与个人意义之间的联结，努力使用一种更加积极的、正向的方式理解使人产生挫折感、生气、厌恶、烦躁等负性情绪的事件，在个人认知基础上将产生负性情绪的事件合理化，如安慰自己不要生气，这只是小事情，无关紧要或者说这是假的，在日常生活中离我很遥远并且不会在我身边发生等。认知重评策略在日常生活中应用比较广泛，日常的俗语经常提到的“碎碎平安”“破财免灾”等都是运用认知重评策略。

ERP 是探讨心理活动神经机制的指标。LPP（Late - Positive Potential）作为晚期正成分 ERP 波，对唤醒度高的刺激反应敏感，因此许多情绪神经机制的相关研究将 LPP 作为情绪反应评价的指标。许多研究探讨了认知重评策略对 LPP 的影响，与控制组相比，个体在采用认知重评策略后，LPP 的振幅显著缩小。脑成像研究发现，在负性刺激条件下采用认知重评策略，背侧前扣带皮层和前额叶皮层被激活，这两个脑区主要是负责选择并应用认知重评策略。在所有脑区中，杏仁核、脑岛等属于评价系统，当认知重评对这些脑区进行活动时，背侧前扣带皮层和前额叶皮层也会相应地进行增强、降低或保持活动。

表达抑制是个体为抑制自己的情绪行为而调动自我控制能力。比如，在日常生活中遇到“熊孩子”破坏自己的心爱物品，此时个体很容易产生愤怒等情绪，但是鉴于当时的情境，个体不能将愤怒发泄出来，只能是压抑下去。近年来，关于表达抑制的研究焦点主要集中在表达抑制策略是否能积极有效地调节负性情绪，这种情绪调节方式对身心健康的影响等方面。研究表明，个体在使用表达抑制策略后，自我情绪体验没有发生显著变化，但个体外在的情绪表达确实发生变化，神经影像显示交感神经系统的反应也有所增加，同时杏仁核被激活。

不同的文化环境会不会对表达抑制策略的调节效果产生影响呢？刘影（2016）认为文化差异是表达抑制策略与调节效果之间的一个重要变量，她认为在个人主义文化背景下的社会中，表达抑制策略的作用是负面的；在集体主义文化背景下的社会中，表达抑制策略不完全是不恰当的、不适宜的情绪调节策略。她认为这与社会的文化价值观以及父母教养方式有很大的关系。巴特勒（Butler）和葛柔思等人的研究也支持了“文化环境论”，研究结果表明，以日本为代表的亚洲文化团体在使用表达抑制策略调节情绪时会产生很好的效果，对以欧美为代表的西方文化团体而言，使用表达抑制策略不但无法调节负性情绪，而且会对身心适应和心理健康产生不良影响。

相比于对负性图片采取的表达抑制调节策略，认知重评调节策略增加了前额叶的活动，减少了大脑岛叶皮质的活动，杏仁核激活程度也显著降低。可见采取不同的调节策略，激活的脑区会有所不同。右侧前额叶具有高级监控功能，重新评估与其联系密切，而前额叶皮层对边缘系统等的活动抑制与表达抑制有关。从临床应用和心理咨询的角度来说，使用正念疗法、认知疗法等逐渐成为一种趋势，鼓励来访者以一种直面、接受、观察分析的态度面对自身的情绪以及其他的心理现象。与接受策略不同的是，表达抑制策略会对记忆准确性造成影响，也会导致情绪反应出现偏差。比如在临床上 PTSD 患者经常会出现对引起情绪的情境回忆失真或者忘记事件经过的现象，因为在事发之后，个体为保护自身的心理健康会自发地将引起负性情绪的情景压抑下去，这会使个体短暂遗忘事发时的情景。

（五）情绪调节的选择

情绪调节选择，即情绪调节过程中对情绪调节策略的选择，是情绪调节过程中至关重要的一个阶段。在日常情境中体现为对不同的情绪调节策略的不同使用频率，在实验室情境中表现为多次情绪调节任务中对不同情绪调节策略的不同选择频率。

1. 目标对策略的影响

识别阶段在于激活情绪调节目标，它影响着个体调节情绪的时间与方式，在情绪调节过程中具有重要作用。从方向（增加与降低）和对象（积极情绪与消极情绪）两个维度，情绪调节目标包括四种，其中就包括降低消极情绪以及增加积极情绪。由于这两个目标与短期享乐需要相一致，也被称为享乐主义目标，主要集中在短暂的情感体验上；而降低积极情绪以及增加消极情绪则被称为非享乐主义目标，或工具性目标，主要集中在期望通过改变某种情感的体验或表达而得到帮助的其他关注点上。相比于享乐主义调节，表达抑制策略可能在非享乐主义调节中使用得更多，因为抑制在降低消极情绪体验时明显是效果不佳的，但是对于降低积极情绪的体验则效果显著。

2. 个体与情景的差异

选择阶段需要选择出将要使用的情绪调节策略，研究发现不同的情绪调节策略在不同的情境下会产生不同的后果，根据情境的要求灵活地选择情绪调节策略对个体的心理健康有着重要的作用。情绪调节策略选择涉及不同个体与具体情境的不同需求，因此情绪调节策略选择可能存在个体差异以及情境差异。

（1）个体差异

具体来说，焦虑型个体常常过分依赖亲密对象，在调节方向方面倾向于夸大负性情绪，以引发他人的注意和关心，更倾向于选择注意分配策略，而更少使用表达抑制策略，这与焦虑型个体在情绪早期较高的危险探测能力以及抑制负性情绪时前额叶皮层（与表达抑制策略的使用高度相关的脑区）得不到相应激活有关；焦虑型个体面对正性情绪时，还可能通过模仿行为进行情境选择和情境修正。

回避型个体倾向于减少与他人的情感联系，从而保持情感上的自治，无论是负向情绪还是正向情绪他们都倾向于选择表达抑制策略调节情绪，背侧前扣带皮层和前额叶皮层的激活不足以及躯体感觉皮层的活动抑制是回避型个体无意识抑制负性情绪的表现，背侧前扣带皮层的激活则表征了回避型个体对情绪的有意抑制，而且主观体验与生理反应的同时降低也表明回避型个体在面对正向情绪时还可能采用认知重评策略。

与前两者相比，安全型个体更擅长感知自己和他人的情感需求和情绪变化，这促使他们能够更加灵活地采用适应情境的方式进行情绪调节，以相对温和的方式对各种正性或负性事件进行重新评价，在压力呈现后会表现出更稳定的错误相关波（ERN），表明他们能够运用有效认知重评策略调节情绪。

（2）情境差异

个体面对特定强度情绪时对情绪调节策略的偏好，在其他群体中得到了复制，如创伤暴露的消防队员，以及临床诊断为双相障碍或重度抑郁的患者在增加积极情绪时同样适用。为了验证这种偏好的强度，研究者为每个策略选项赋予了不同金额的货币奖励（包括选择注意分散奖励更多、选择认知重评奖励更多，以及奖励差距大、奖励差距小），结果表明，为与偏好相反的策略提供奖励时，能够缓解被试的选择偏好，奖励差距越大，偏好变得越弱。由此可见，个体对情境的认知评价同样会影响其对认知重评策略的选择。

（六）情绪调节的过程

人们的一切言行思想都可能对情绪状态产生影响。对于如何整合如此大量的策略，研究者提出了各自的框架模型。

塞耶（Thayer）及其同事提出心境的自我调节策略，认为改变不良心境的策略包括放松、压力管理、认知和运动。但是他的模型强调对不良心境的调节，而且分类出来的调节策略比较离散，这与心境的弥漫性有关，因此不适用于组织划分情绪的调节策略。

他们提出心境调节的控制理论模型，按照关注的是情境还是心境和采取的是行为策略还是认知策略，将消除负面心境的方式分为正交的四类：关注情境的行为策略，关注情境的认知策略，关注心境的行为策略和关注心境的认知策略。这一分类更倾向于情绪调节的表现或表达，对情绪调节的内部变化有所忽略。

从目标情绪产生系统和情绪调节所服务的心理功能对情绪调节策略进行分类。在情绪调节中针对的主要情绪生成系统包括注意力、知识和身体；情绪调节的主要功能是满足享乐的需要，促进目标实现，优化整体人格。

这一策略所描述的情绪生成系统，并未涉及引发情绪的情境，而且情绪调节的三个功能对于情绪调节策略的分类，虽然可以大致将不同目标的情绪调节分开来，但并不利于情绪调节策略的整体研究，这是因为三种功能（尤其是优化整体人格功能与另外两个之间的关系）彼此有交叉，即使是最基本的情绪调节方式，也会在两个甚至三个目标维度下同时出现。最受研究者青睐的是葛柔思于 1998 年提出的情绪调节过程模型，清晰明了地按照情绪发生过程中，个体可能采取的一切能够调节情绪的时间点，将情绪调节行为分为五个方向：情境选择、情境修正、注意分配、认知改变和反应调节。

（七）情绪调节的策略

1. 情绪调节策略相关概念界定

不同的研究人员和理论家对情绪调节概念的描述存在着相当大的区别。汤普森（Thompson）将情绪调节定义为：个体为了实现目标而监测、评价和调整情绪反应，尤其是情绪反应的强度和时间特征，且调节的过程包括内在、外在。马斯特（Masters）也强调了情绪调节是对自我目标的实现，且有利于个体的生存与发展。

葛柔思认为人们影响他们所拥有的情绪过程就是情绪调节，包括什么时候拥有这些情绪，怎样体味和传达这些情绪。因为随着时间的推移，情绪也会发生变化，所以这一变化的历程可以是自发的或者主动控制的，也可以是有知觉或者无知觉的，并有可能对情绪生成过程中的一个或多个阶段点造成影响。此外，情绪调节还包括当情绪出现时，反应成分相互关联变化的过程。

马斯特认为，人们为了实现情绪调节而有意的、有规划的努力和实践被称为情绪调节策略。马斯特进一步区分了情绪调节的策略、机制和过程，他认为策略表示一种情绪调节的方式，这种方式是经过深思熟虑，带有目的性的；机制是为那些无意识的情绪调节所保留的，并且从它们被获得或开始运作的那一刻起通常是自动的；过程是对实现情绪调节的描述。

2. 情绪调节策略的相关研究

（1）情绪调节策略的个体差异及多样性

对于情绪调节策略的种类，研究者们做了大量研究，并提出了不同的分类见解。

塞耶等人通过对 29 个条目关于改变坏情绪的方法，进行因素分析，进而得出了六因素的情绪调节策略，并认为这些策略最具有心理解释力。这六种策略分别是：寻求愉悦的活动和分心，社会支持、宣泄和满足，积极的情绪管理，消极的情绪管理，直接削弱紧张，退缩和避免。其中积极的情绪管理与寻求愉悦的活动和分心在调查中被评为最有可能成功的两种策略。

帕金森（Parkinson）和图特德尔（Totterdell）利用相似矩阵对 162 种不同情绪调节策略进行分层聚类分析，确定了四类情绪调节策略，分别是回避、分心、面对和接受。回避意味着将注意焦点从情绪或关心事物中进行转移；分心意味着物色另一个关心或行动的中心点；面对意味着对情绪和关心事物的主动性活动；接受意味着对所发生事情的结果被动地接受。其他类别的策略则可以根据以上四类情绪调节策略进行组合、省略或重新标记。

葛柔思在调节情绪反应过程概念化的研究中，提出了情绪调节的过程模型，并认为情绪调节贯穿于情绪的发生、发展等各个阶段，且发生和发展的阶段不同，情绪调节策略也会有差异。基于情绪调节过程模型，情绪调节策略被划分为五种，分别是情境选择、情境修正、注意力分散、认知的改变和反应的调节。其中，前四种策略被归类为先行关注的情绪调节，这些调节产生于情绪反应激活之前，基本对引起情绪的原因进行调整；最后一种策略属于反应关注调节，这种调节产生于情绪已经发生或者情绪反应被唤醒之后，主要通过行为、经验和生理等对情绪进行强化、削弱、延长或抑制等调节。尽管情绪调节策略的类型有很多，且面对不一样的情境，不一样的情绪调节策略发挥的作用也不同，但是不同的个体对情绪调节策略的使用也是存在差异的。

塞耶的研究指出在改变坏情绪的过程中，男性更倾向于采用寻求愉悦的活动和分心的策略，或者直接减少紧张的策略，例如大多数的男性会使用酒精和药物等改变坏情绪。另外，女性倾向于使用消极的情绪管理策略，或者社会支持、宣泄和满足的策略，例如多数女性会通过与人交谈、情感活动、食物和吸烟等改变坏情绪。研究也指出这些性别差异同样也适用于能量增强和紧张减少的情绪调节。

黄敏儿和郭德俊（2001）的研究指出，人们虽然能感受到多种情绪，但是对每种情绪的感受程度是不一样的，相对于羞愧、内疚等负性情绪，人们对快乐、兴趣等正性情绪感受频率会更大，而在负性情绪中，人们对厌恶和恐惧相对于羞愧和内疚的感受频率更小。在情绪调节策略中，对正性情绪的调节以增强型调节策略为主，较多运用重视和宣泄的情绪调节策略，较少运用忽视和抑制的情绪调节策略；对负性情绪的调节以减弱型调节策略为主，较多运用忽视和抑制的情绪调节策略，较少运用重视和宣泄的情绪调节策略。

此外，情绪调节中也有性别差异，男性对正性情绪侧重运用忽视和抑制的情绪调节策略，女性对正性情绪倾向于运用重视和宣泄的情绪调节策略。同时，情绪调节与个体的人格特征也有关联，在一系列成人人格特征和儿童人格特征的研究中发现，情绪调节的个体差异是人格组织的核心组成部分。

（2）情绪调节策略的社会适应功能

情绪过程可以引导和指导心理适应功能，例如，在对共情的研究中证实了情绪作为亲社会行为的调节者起着催化的作用，事实上，情绪在生命早期就具有调节个体心理适应的功能。在生命的早期，个体在依恋、对陌生人的反应以及同伴关系上的差异主要是通过情绪的变化来引导的。情绪的生物适应功能，即作为社会信号和提高生存能力的行为催化剂，从出生就存在，但是，将情绪过程纳入组织和控制高阶行为系统取决于情绪调节过程的发展，这一过程为我们天生的情绪支持系统提供了灵活的、有效率的和庞大的内稳性。

因此，情绪调节在整个个体发育历程中促进了情绪作为行为调节者的持续作用，换言之，情绪发展的过程从某种程度上说就是情绪调节的过程，且在情绪反应的基础上继续引导、激励和指导生物的适应功能。在个体的成长过程中，存在许多与情绪感受有关的情绪体验，经历一段时间的发展和变化后，情绪体验被社会化，获得了新的意义；在这个过程中也会发展出更有效的情绪调节策略，这些策略可以用来进行自我控制，也可以有目的地使用，并日益融入有组织的行为功能网络中。

情绪调节策略将情绪的生命适应功能进行了更细致、具体的拓展，帮助个体在成长过程中，更好地适应社会生活。例如，汤普森认为情绪调节策略会经常用来维持或增强情绪唤起活动。比如儿童和成人经常利用策略来实现积极的情绪唤醒，包括通过重现愉快或幽默的经历，有时也会通过策略实现对消极情绪的管理。葛柔思和列文森（Levenson）在对积极情绪与消极情绪的抑制策略研究中发现，抑制情绪作为缓解负面情绪的一种方式，并不能让人感觉更好，因为抑制情绪表达不能缓解个体对悲伤等负面情绪的主观体验。但是，抑制情绪并不是说永远都不可取，例如对喊叫、攻击等冲动情绪的抑制。情绪调节策略是贯穿于个体一生的，有研究者认为情绪调节策略能力的提高意味着个体的成熟发展。

汤普森对不同阶段婴儿情绪动态发展的观察，发现 6 ~ 12 个月的成长期间是婴儿情绪调节发展的重要阶段，因为这个过程是影响婴儿情绪评价认知能力发展的重要阶段。也有研究者指出情绪调节能力会随着年龄增长而不断增强。

麦克雷（Mcrae）等人通过对儿童、青少年和青年重新评价能力表现的比较，发现重新评价的认知控制脑机制成分的参与随年龄增长而呈线性增长或激活。在实际生活经验中，成人群体相对青少年群体，其认知与行为模式逐步趋向稳定，而认知上的情绪调节能力也会成为成年期的一种适应性技能。

（3）认知重评和表达抑制的情绪调节策略

有研究认为表达抑制策略短期内能带来一定的效应，但是压抑的情绪一旦出现反弹，会爆发得更加激烈。换句话说，压抑情感似乎是一个合理的应对策略，但是个体不愿再现痛苦的情境，试图忘记不仅会延长痛苦，还会让痛苦变得更加糟糕。黄敏儿（2002）等人的研究指出，表达抑制策略不能减弱情绪感受，反而引起了生理上更长时间的持续，短期的情绪抑制有一定的适应性和积极功能，但长期的情绪抑制可能会引发身心健康问题。

习惯性地使用压抑策略来管理情感体验与一系列负面结果相关，包括更高程度的负面情绪、更低程度的积极情绪、社会适应较差，幸福感较低，实验调查也表明，尽管个体可以成功地抑制情绪的外显表达，但这种策略并不能缓解情绪的主观体验。

此外，情绪表达的抑制已被证明比对照条件更能增加交感神经兴奋。压抑的反作用已经被记录在各种各样的情绪中，包括消遣、悲伤和厌恶。根据葛柔思的情绪调节过程模型，有研究阐明成功的情绪调节需要适当的时机和适当的策略选择。具体来说，在情绪“开始运作”之前对其进行调节，比情绪积聚起力量后再对其进行调节容易得多。表达抑制策略是情绪调节早期的一个重要策略，即在情绪变得强烈之前，通过离开当下负性的情绪状态，减少情绪诱发事件的刺激，降低了负面情绪对自身的影响。但表达抑制策略不能进行更深层次的加工，对情绪有效的调节依赖于对情绪状态的持续监控和积极参与，认知重评策略对消极情绪重新评价，从长期来看，是一种有效策略。此外，在高情绪强度的情况下，延迟选择情绪调节策略会付出高昂的代价，这对决策制定等领域可能非常重要，此种情况下认知评估策略会是一种有效的应对方法。

另外，在对社会焦虑患者的认知神经调节基础的研究中发现，认知重评策略能帮助社会焦虑患者减少消极情绪。认知重评在刺激情境中可以调节内隐和外显评价，也可以调节早期到晚期与情绪相关的事件相关电位成分。相比抑制型策略，研究者更倾向于认知重评策略，抑制策略并不是完全不好，也会有适应的情境，但是长期使用抑制策略所消耗的心理成本过大，不利于个体长期的适应性成长。

四　情绪与健康

判断一个人的情绪健康，要满足以下六条标准。一是情出有因。情绪的产生必须由一定的原因引起，如果无缘无故的喜怒哀乐，都不是情绪健康的表现。二是表现恰当。情绪反应和事件起因应该相互吻合，比如因成功而喜悦，因失败而痛苦，该高兴就高兴，该悲哀就悲哀。三是反应适度。情绪表现的持续时间和强度都应适当，不能没完没了，也不能过分强烈或过于冷漠。四是情绪稳定。情绪稳定表明一个人的中枢神经系统活动处于相对平稳和协调的状态。一般来说，情绪反应开始时比较强烈，随着时间的推移，反应逐渐减弱。五是心情愉快。以愉快的心境为主，积极情绪多于消极情绪。六是能自我调控。情绪健康的人，懂得把负面情绪调节、转化、宣泄而不是任由情绪摆布。

情绪的测量方法有多种，从表现形式上可以分为外显情绪测量法和内隐情绪测量法两种。自我报告测量是外显情绪测量方法中效率最高且最简便的一种。这种方法可以通过等级划分进行自我情绪表达，然后通过报告将经历进行情绪量化，具体的测试方法非常丰富，目前最为常用的就是情感格子（Affect Grid）、ISO 项目心境形容词表（MACL）和多种情感形容词核查表（MAACL）等。而这种自我报告测量法通常分为两种类型。

（一）单项测试

单项测试要求被试对于某种情绪进行等级划分，这种划分一般多见于对程度的划分。假如被问到是否对某种观点表示赞同。答案则被设置为从“不同意”到“非常赞成”，其常见选项为李克特量表中提出的5点、7点或9点。调查问卷也是一种非常具有趣味性的方法，该方法在使用的过程当中，可以通过不同的卡通表情来展示自身的情绪，从愉悦到不愉悦，所以在问卷使用过程当中，便于调研对象从不同的卡通图表情当中，选择一个最符合自己现在心情的，当被试者不能用语言表达自己情绪或语言不通时，就可以采用这种调查方法。

（二）多项测试

心境形容词量表和情感形容词核查表均属于多项测试范畴。以心境形容词量表（简易版）为例，要求被试在测量中针对每一个心境形容词只能在五种程度中选择最符合自己的一种，且程度不同分值不同。最后在评分方法中总结出7个情绪名词分量表，之前所有题目分别被归纳在这七个分量表中。被试进行原始分数计量，并且通过查阅常规模型得出总的分数。多项测试适用于各种专业级别情绪自查。在交互产品的设计中，简便高效的单项测试更符合非专业用户碎片化、娱乐化的需求特点。

五 公务员情绪表达

（一）情绪表达的概念

在情感神经科学领域中，情绪行为被认为是两种独立现象的结合：一种通常被称为情绪“体验”或“意识”的内在情绪状态，另一种就是它公开的表达行为，情绪“表达”。

达尔文（Darwin）的表达理论则是最具有影响力的理论之一，他将情绪体验和表达概念化为独立的过程，认为情绪刺激会引发情绪状态，随后引发情绪表达。而威廉·詹姆斯（William James）的观点则与达尔文的相反，他是公认的“躯体理论”之父。詹姆斯认为，情绪的体验不是情绪表达的前因。更确切地说，诸如恐惧、厌恶、愤怒或欢乐等基本的情绪是情绪反应的感觉和行为倾向的结合，即传入（感觉）和传出（运动）系统的整合。在他研究滑稽的感觉时，詹姆斯明确提到了“笑的倾向”，即在其定义中，输出端是驱动因素。同样，在他关于情绪的经典文章中，詹姆斯说，“情绪与运动（强调增加）和感觉中心发生的过程相对应”。

而在心理学领域中，学者们对情绪表达的研究在 20 世纪 90 年代开始兴起，并对情绪表达的概念进行了界定。亨德（Hinde）在他的研究中指出，外在的情绪表达行为是人们将自己的内心感受展现出来的过程。克林（Kring）等人则认为，情绪的表达可以从情绪的一些可观察的外在特征进行研究，葛柔思和约翰（John）对情绪表达的定义则是与个体的情绪体验有关的一些行为变化。比如，当个体经历一些难过的事情时一般会哭泣；而个体因为某些事物而开心时便会放声欢笑；愤怒时则往往会表现出眉头紧皱、怒目圆睁等一些不好的行为。肯尼迪·摩尔（Kennedy Moore）和韦斯顿（Weston）则认为，情绪表达是体验或者向他人传达自己的情绪体验的一些行为。这类行为既可以是以言语的方式，如生气时、愤怒时说话会很大声，也可以用非言语的方式形成，如高兴时嘴角会上扬。该定义注重人的情绪表达和情绪体验之间的联系。在国外研究的基础上，我国一些研究者也提出了对情绪表达定义的观点。

例如，孟昭兰（2005）从社交功能、意义的层面出发界定情绪表达，该观点认为所谓情绪表达，从字面意思上来看就是个体用来表达情绪的方式。尚金梅（2007）则把情绪表达看成一个动态过程，通过一些外显的行为来表现自己内隐的情绪体验，她把这一过程看作一种相对稳定的人格特质。

综上所述，可以将“情绪表达”定义为，个体通过言语行为以及面部表情、肢体动作等非言语行为来向他人展示其内在心理变化、情绪体验的活动。虽然情绪表达是个体内心情绪体验的一些外在表现，但是并不能由此而说明个体的内心情绪体验和外在的行为表现是完全一致的。因为在日常生活中，由于文化背景的存在以及个体特质和交流情境的复杂性，人们并不总是会表现出他们实际体验到的情绪，而是在他们修饰、加工之后再将其展现给他人。

（二）情绪表达的测量

在过去对情绪表达的研究中，对情绪表达的测量多以量表为主，且多为国外的学者开发编制。例如，弗里德曼等人（Friedman et al.）编制了情感沟通测试（the Affective Communication Test，ACT）；在雷吉奥（Riggio）开发的社交技能量表中，包含情绪表达分量表（the Emotional Expressivity Subscale of the Social Skills Inventory，SSI），King 和 Emouos（1990）开发的情绪表达量表（Emotional Expression Questionnaire，EEQ），Kring 等人（1994）开发的情绪表达性量表（Emotional Expressivity Scale，EES）以及葛柔思和约翰开发的伯克利情绪表达性问卷（Berkeley Expressivity Questionnaire，BEQ）。在这些量表中，Kring 等人开发的情绪表达性量表和伯克利情绪表达性问卷被较多的研究者使用。但是，在对领导情绪表达的研究中，学者们通常使用的是格鲁姆（Glomb）和特夫斯（Tews）编制的离散情绪劳动量表（Discrete Emotional Labor Scale，DELS）中的真实表达分量表。接下来主要对伯克利情绪表达性问卷和离散情绪劳动量表进行介绍。

葛柔思和约翰共同开发编制了伯克利情绪表达性问卷，该问卷共含有 16 个条目，使用李克特式 7 点计分，问卷得分越高说明答题者的情绪表达能力越高。葛柔思等人对美国大学生进行了调查，共得到 1379 个样本，研究结果表明他们的问卷可分为三个维度：积极情绪表达、消极情绪表达以及情绪表达强度。在三个维度当中，情绪表达强度是指个体的情绪反应倾向的整体程度，得分越高，表示倾向性越强。积极情绪表达和消极情绪表达维度则指的是个体积极和消极情绪反应倾向表现在外显行为上的程度；所以说，情绪表达强度更强调个体的意向，其他两个维度则更强调个体在行为上的表现。并且，使用该问卷让参与者进行自答的结果与他们的同伴进行互评的得分之间具有高度一致性。

格鲁姆和特夫斯编制了离散情绪劳动量表，该量表含有三个分量表，分别为真表达、假表达和抑制。在每个分量表中，参与者被要求回忆在六个月内与客户、主管或同事互动时的每一种离散情绪。对于真表达子量表，参与者会被问道，“当你有这种感觉（热情）时，你在工作中多久真诚地表达一次?”对于假表达子量表，他们被问道，“当没有这种感觉（热情）时，你在工作中多久表达一次这种感觉?”对于抑制量表，他们被问道，“当你真的有这种感觉（热情）的时候，你多久保持一次呢?”对于“假表达”和“抑制”子量表，“假表达”和“抑制”这两个词是故意省略的，因为它们的含义不受社会欢迎。对于真表达子量表，回答的选择范围从①“我从不真诚地表达这个”到⑤“我每天真诚地表达很多次这个”。对于假表达子量表，反应选项的范围从①“我不想表达时从不表达”到⑤“我不想表达时一天多次表达”。抑制子量表的反应选项包括一个附加项“我从未感觉到”。此反应选项被分析时应视为缺失值，因为从未感觉到一种情绪就不需要去抑制它。从反应选项中可以明显看出，DELS 评估的是情绪表达的频率。

除了频率，格鲁姆和特夫斯还将多样性、强度和持续时间作为外部情绪表现的维度。虽然只有频率是直接测量的，但 DELS 确实提供了一种间接的方法来评估变化和强度：通过包含代表不同种类的情绪，可以评估多样性；通过包含不同强度的情感，可以评估强度。

第二节 公务员情绪管理的意义

“内圣外王”是儒家学者追求的最高境界，历数古今中外有所建树者无一不是注重“内圣”，修身养性，唯此才能“外王”，齐家、治国、平天下。换句话说，就是注重严格自律，善于自我管理，尤其是自我情绪管理。从心理学的角度看，情绪反应是人的本能，人的一切行动都是靠情绪来驱动的。但是，情绪有好坏之分，不好的情绪会极大地影响人的身心健康，影响工作的正常开展，也会造成人际关系的紧张。诸如，公务员在工作中如果带有不良情绪，就极不容易听进别人的意见和建议，造成下属的紧张或者不满情绪，甚至给百姓留下“脸难看”的印象。管控好自己的情绪是一种能力、一种智慧，也是一种艺术。公务员要积极了解自己的情绪，善于调节自己的情绪，做好自己情绪管理的专家。

一　不良情绪影响事业发展

欢乐、愉快、高兴、喜悦、乐观、恬静、满足、幽默等都是良好的情绪体验。这些情绪的出现能提高大脑及整个神经系统的活力，使体内各器官的活动协调一致，有助于充分发挥整个机体的潜能，有益于身心健康和提高工作效率。科学试验证实，当人处于良好情绪状态时，人体通过生化过程使血液中增加有利于健康的化学物质，如激素、酶和乙酰胆碱等，起着调节血液流量与兴奋神经细胞的作用，增强机体免疫力，提高机体抗病能力。良好的情绪还可以使血压稳定、心跳舒缓、胃张力上升、消化液分泌增强，能增强心血管、消化系统的功能。许多长寿者的最大共同点就是能够保持心情愉快、乐观豁达或心平气和。心情愉快还会使人容光焕发、神采奕奕。

“笑可以拉近两个人之间的距离”。相反，那种爱发脾气、爱甩脸子的人大家一定会躲得远远的。人“趋利避害”的天性决定了情绪对人际关系具有天然的影响。对公务员而言，通过调整自身情绪、心态，变换工作思路、方式，可以推进工作进程、改善人际关系、拓宽工作路径。

研究证实在人的成功因素中，智商与情商同等重要。对公务员而言，情绪的管理能力将直接影响科学决策的程度、应对突发事件的能力和自我更新的能力。所以掌控情绪对事业发展具有十分重要的意义。

二　不良情绪损害身心健康

持久的消极情绪，是指在引起悲、忧、恐、惊、怒等消极情绪的因素消失后，仍数日、数周甚至数月沉浸在消极状态中，不能自拔。持久的不良情绪会给人的机体带来损害。美国心理学家爱尔马做过这样的实验：设法收集人在不同情绪状态下呼出的气体，然后将这些气体溶于水中，发现人在心情平静的状态下呼出的气体溶于水后没有沉淀物，但是在生气或者悲伤情绪下呼出的气体溶于水后出现了颜色沉淀物。爱尔马接着将这种溶液注射到小白鼠的体内，发现小白鼠在一段时间后就死了。这个实验结果告诉我们，人在不良情绪状态下会产生很多对身体有害的物质，而这些物质危害着我们的身体健康。

总而言之，会管控自己的情绪，不仅要做到把坏情绪挡在“门外”，还要懂得适度“隐藏”自己的好情绪，时刻保持清醒和冷静。这就要求公务员有包容豁达、淡泊名利的心态。“海纳百川，有容乃大”，在工作中，公务员要善于听取不同的意见和建议，尤其是要容得下“杂音”，听得进批评；“非淡泊无以明志，非宁静无以致远”，名利之心人皆有之，本无可厚非，但身为公务员，如果一味地沽名钓誉、贪图名利，就很容易腐败变质、误国殃民，因此公务员必须注重修养品性、收敛欲望，不为名所累、不为物所困，固守为官的“安贫”之道。

第三节　公务员不良情绪的自我调适

一　公务员情绪的导向因素及影响

在社会经济迅速繁荣的大背景之下，城市人口密度迅速加大、生存压力大、生存环境不理想、焦虑泛滥，人与人之间沟通逐渐模式化、单调化，生存空间狭隘以及工作时间不断延长，导致个体可支配时间减少，人际交往的成本提高等，使得人们情绪的自我调节成本也被无限拔高，导致情绪的自我调节、缓和功能逐渐丧失。社会生活中沟通的“空气墙”随处可见，信任感缺失造成人与人之间的沟通出现鸿沟，这些现象不同程度上造成了一些负面效果，沟通减少、人际交往成本提高，越来越多的情感或是情绪被主动压抑，表达情绪的可能性减少。控制和抑制情绪成为面向社会生活的必要技能。

因此，情绪引导对于当今我们面对或解决某些社会问题存在积极正面的作用，具体而言，对于解决目前社会中存在的某些情绪压力现象具有缓和和帮助作用，因此本文将对正面以及负面情绪的导向因素做简要分析。

表达情绪其实也是调节情绪的一种手段，表达和消化情绪本身就作为一种合理的自我调节功能，处于社会生活中的人们会主动通过工作之余的休息时间进行放松，做一些兴趣使然的事情缓和心态、自我消化，例如公园游玩、朋友聚会、影像音乐娱乐等，抑或是倒头大睡。但随着愈发紧张的城市生活拔高了情绪调节的成本，社交娱乐的消费成本提高、消费水平提高、休息时间减少、健康状况难以维系、高额的生存成本以及年龄增长，工作压力递增等情况涌现，人的焦虑情绪普遍存在，使得社会情绪问题难以消化并陷入了恶性循环。情绪需要表达与宣泄，情绪引导在某种程度上成为城市生活的必要需求。

（一）正面情绪的导向因素以及影响

情绪的产生往往受到外部事件影响，促使正面情绪萌发的事件往往符合人的主观倾向、心理、愿望等，能够让人在工作和创作的时候产生更多灵感、提供动力，同时正面情绪能够使得人们对于社会交际有更高的参与性和积极性。其导向因素条件较为简单，触觉、嗅觉、听觉、视觉等感知让自己产生满足感、愉悦感、符合自身审美的时候，正面情绪就会孕育而生，比如说从事自己喜欢的工作，吃到自己喜欢的食物，听到了一首能够让自己产生愉悦的音乐，抑或是碰到了熟悉的人或物，解决了一个难题等。

究其原因，正面情绪能够使得我们的脑细胞分泌更多的多巴胺和内啡肽等物质，这些物质会让人感到开心、满足，不仅能提高创作灵感、效率，也能带来一些对事物理性的思考，提高对生活的热情与自信，往往具有正面情绪的人能够在集体生活中散发出更多正能量从而影响周围人。正面情绪具有强大的感染力，对于艺术创作者来说，正面情绪能够帮助创作者在作品创作中给受众传达出希望、激情、勇气等积极元素。

（二）负面情绪的导向因素以及影响

负面情绪从社会环境分析，由于人口数量激增，竞争愈加激烈，工作要求也会随之苛刻，整个社会环境变得严峻、工作时间与工作效率被迫或是自发地提高，最终导致个体收益以及休息和自我调节时间被不断压缩、剥夺，精神压力与负面情绪与日俱增。负面情绪及其导向因素由于个体身处不同环境而存在差异，但负面情绪对人的身体以及精神却能带来严重危害。情绪带来的压力又称作情绪应激反应，对于情绪压力的解释为，个体在焦虑或恐惧等情绪的作用下形成的心理紧张反应或状态，情绪的产生源于个体对于周围环境刺激的自我评估。

比如，处于某种劣势或者遭遇突发事件打击时，个体对这种情况产生无法应对的恐慌感，会感觉到过度紧张而生成情绪压力，困于这种状态之下的人会不同程度上出现肌肉紧张、血压升高、心率加快、呼吸频率上升等身体机能反应。

短暂的情绪压力可以帮助个体适应新环境、维护身体反应机能的稳定，当生理机能的变化和调节达到一定限度无法适应外部环境刺激的时候，持续的情绪压力状态则会影响身体器官的正常功能，甚至引发多种疾病以及心理问题。因此不能对其忽视，否则总有一天，它会喷涌出来，反噬你的健康，甚至是你的社交和生活的方方面面。

但负面情绪的评价不全是否定，从生理学的角度去看，某些情绪，例如焦虑和愤怒，会让我们肾上腺素飙升以及脑细胞活动更加频繁。这些物质会激发我们的身体机能，使我们有更多能量去应付潜藏的危机，这对于工作抑或是创作，都有一个等同于正面情绪的促进作用，这种负面情绪带来的创作动力以及灵感丝毫不逊色于正面情绪，甚至这种力量与感染力更为强大而深沉，因此从创作的角度而言，情绪本身没有正负面之分，只有强与弱。

二　公务员不良情绪的调适策略

（一）提高运用情绪的能力

1. 了解不同情绪对思维与认知活动的影响作用

人的情绪、情感状态与人的精神和物质需要满足程度相关。当某些需要得到了满足时，人便会产生正向情绪、情感，如愉悦、挚爱等，这些情绪状态对认知与思维活动具有促进作用。而如果某些需要未能满足或满足不够时，则会产生负向情绪、情感，比如焦虑、自卑、愤怒，当这些负向情绪超过一定量时就可能会对认知与思维活动起到阻碍作用。领导干部可以学习利用升华技巧来引导自己的情绪。

所谓“升华技巧”，是指利用强烈的情绪冲动，把情绪引向积极的、有益的正向情感，使之具有建设性的意义和价值。比如俗话所说的“化悲痛为力量”就是指升华自己的悲痛情绪。其实不只是悲痛可以化为力量，其他的强烈情感也都可以化为力量。例如，可以化愤怒为力量、化仇恨为力量、化教训为力量、化鼓励为力量。这样就能将负向情绪成功地升华至正向情绪、情感。

2. 避免情绪状态对决策活动的消极影响

情绪对公务员在工作中的决策活动会产生相应影响。例如，当公务人员处于消极情绪状态时，看待事情更为悲观，往往会过分估计不利事件的影响作用，忽视事情的积极方面。此时，公务员可以使用解脱与转移两种技巧。解脱是指换一个角度来看待令人烦恼的问题，跳出原有的局限范围，从更深、更高、更广、更长远的角度对问题做出新的理解，使自己的精神获得解脱。而转移技巧则是当受到无法避免的痛苦打击时，学会告诫自己这样长期沉浸在痛苦之中既于事无补，又会极大地影响自己的科学决策，所以应尽快地把自己的注意力集中到那些有意义的事情上去，转到最能使自己感到自信、愉快和充实的活动上去，从而减少外界刺激的不良影响。

（二）提高理解情绪的能力

情绪的产生、发展及转化往往遵循一定的规律，作为领导干部必须了解这些规律，从而更好地理解情绪产生的原因和将会导致的结果，更好地预测未来。

首先，自然要掌握情绪的有关知识。其次，善于理解深层次的情绪，要分析当时情绪产生的原因，这不仅是指找出表层意识方面的原因，更重要的是找出潜意识方面的原因。凡是焦虑、紧张、烦躁不安等负向情绪的产生，一般是因为内心冲突、过度心理压力或者于己不利的感觉而导致。

例如，面临职位变动时，要离开一个如鱼得水的环境，进入一个陌生的组织，面对陌生的下属尽快顺利地烧好新官上任的“三把火”，这就容易使人产生一定的焦虑情绪。同时，还应学会评价情绪的价值。凡是与自己当前大目标相关的问题，其研究重视的价值就大，应该认真对待；反之价值就小，或者无价值，应该说服自己主动放弃。个体精力情绪应紧紧聚焦当前对自己最有价值、最大的目标。

（三）提高管理情绪的能力

1. 学会接受自身情绪

不少公务员不能忍受自己的某种情绪，尤其是激烈的情绪状态。有些人会对此感觉失望、内疚或气愤。其实，情绪当中包含了许多宝贵的信息。不论自己处于平静或暴怒时刻，公务员都应该清楚地认识自己的内心状态，要能接受自己的情绪体验。同时，也应采取顺向认知去接受他人的情绪体验。所谓顺向认知，就是理解一件事既然存在着，就有其存在的必然原因，因而顺势而为，顺其自然。公务员应当养成顺向认知的习惯，努力站在对方角色立场和事情本身更客观的角度去寻找原因，从而接受他人的情绪体验，对人、对事表现出平和、超然、不偏激、不过分的态度。这样，他们获得的将是成功和满足，去掉的则是失败和苦恼。

2. 学会调控自己的情绪

情绪智力较低的公务人员在受到外界刺激之后，通常对自己的情绪毫无觉察，不管环境条件如何，直接采取反应行为。有些公务员在情绪过去之后会有些后悔，认为自己不应该有这些过激的反应。有些公务员则非但没有意识到这一点，反而还以能用高压手段维持自己表面上的权威为荣，殊不知下属对其早已是怨声载道、人心涣散。

所以作为公务员，首先应当学会控制自身情绪。大仲马曾经说过：“你要控制自己的情绪，否则你的情绪便控制了你。”在受到外界刺激之后，不必马上回应，而是充分发挥人类特有的四大天赋，即价值观、想象力、良知和独立意志，迅速进行理性判断、分析和思考。要学会有意识或潜意识地问自己该如何做出反应来得体又利人利己地处理眼前的事情。

其次，学会转化自己的情绪也是一个重要方面。公务员经常需要快速转化情绪。比如一位领导干部正在向某下属发脾气，这时电话铃声响起，即使这位领导干部仍处于怒气当中，也必须迅速转化情绪，用平静甚至愉快的声音向电话那端问好。

再次，要学会预测某种情绪将会导致的结果。情绪的产生与发展遵循某种规律，有一些既定的模式。公务员应学会敏锐地感受和管理自身的兴趣、态度、价值取向，分析内心冲突和产生情绪的原因，并通过正确推理预测可能产生的结果，选择某种适度的方式去处理问题，求得于事于人于环境的平衡与和谐。

最后，公务员可通过学习一些管理情绪的技巧来充分发挥主观能动性，理智地操控自身情绪。例如，公务员可以通过选择有利情境来规避某些消极情绪，对已产生的情绪用情绪否定的方法加以控制，或是对事件重新评价来降低某种情绪的强度等。

第四节　公务员积极情绪的培养

一　积极心理学的内涵与特征

积极心理学作为心理学一个新的研究方向，极力倡导研究人类积极的心理素质，认为心理学的研究不局限于人的心理问题，而且应关注人的积极情感体验，充分挖掘潜在的积极力量，帮助人形成良好的心理素质。了解积极心理学的内涵及特征，对于更好地审视公务员心理健康教育的现状有着方法论层面的重要意义。

（一）积极心理学的内涵

积极心理学出现于20世纪末，是美国心理学研究的一个新分支。积极心理学的研究重点是影响人类的积极因素，主张有效地激发人们的活力，建立自信。积极心理学以人类的积极力量——善良和美德作为研究对象，强调心理学不仅能帮助人们了解如何在某些不利条件下生存和发展，而且可以帮助人们学习如何创造高质量的个体及社交生活。传统的心理健康教育侧重于纠正现有的心理问题，而积极心理学的重点是预防心理问题，重视人性的积极方面，侧重于帮助学生建立积极的心态。

（二）积极心理学的特征

相比于传统心理学，积极心理学从出现以来就带有鲜明的新事物特征。

1. 积极心理学以积极的人性观为出发点

在传统心理学中，心理学的研究对象通常是那些有心理问题的人。人类拥有独立的意识和欲望，无论是正常人还是那些有心理疾病的人都拥有属于人的欲望，从某方面讲，欲望也是人努力发展的重要动力。因此，积极心理学家认为，人类的命运是掌握在自己手中的，而积极的品质和性格不仅来源于家长和教师的培养，也来源于人从小到大的经历和先天因素。

2. 积极心理学重视心理问题的预防

很多人潜意识认为心理问题只有发展到很严重的情况下才需要去医院治疗，而随着经济水平的提高和生活质量的提升，现代人更加重视对疾病的预防。在心理疾病的治疗中，也应该从传统的治疗为主转变为以预防为主。心理疾病的治疗需要帮助患者找到根本原因，只有针对具体的问题进行具体的分析，剖析问题的根源，才能为不同的病人提出最适合的心理治疗模式。以前人们对心理学的研究主要是为了抑制心理疾病所带来的不良影响，如今积极心理学研究则更注重帮助人们追寻幸福的人生，让人们了解自己心中最真实的诉求，以及为了实现诉求所需要做出的努力。

3. 积极心理学重视社会环境的重要作用

积极心理学的研究不能脱离社会环境，应当在社会文化生态体系中进行，培养和完善积极健康的人格，如自尊、自主、果断、智慧、创造力、成熟防御、自我组织、良好的环境适应能力等。这些优秀的人格优势将渗透人们的全部社会生活空间，并给人们的生活生长带来长期的影响。因此，家长、学校和社会应该提供一个良好的环境，使学生获得积极的体验，形成积极的个性。

二　积极情绪的功能与作用

（一）积极情绪的构建功能

积极情绪能构建个体持久的资源。消极情绪是通过窄化个体的认知行动范畴使个体在战斗—逃跑的情境中获益，其受益是直接的、瞬时的；而积极情绪能给个体带来间接的、长远的受益，它能够帮助个体建构持久的身体、智力、心理和社会资源。需要注意的是，情绪的构建功能是以拓延功能为基础的。

（二）积极情绪对决策的作用

有关积极情绪对决策的作用，国外研究得比较多，比如积极情绪使人们无法压制不必要想法，降低个体决策能力。李爱梅等人曾对国内外消费者购物决策的有关研究做过评述，并且认为积极状态下的个体对高风险的情况具有规避倾向，而对低风险则具有偏好倾向，在多样化寻求的倾向下，积极情绪状态下的个体对安全、愉悦的产品表现出多样化寻求行为，同时，积极情绪能够促进个体做出正确性决策。

三　公务员积极情绪培养的思路

（一）思想角度

1. 思想解脱练习

思想解脱是一个技能，当痛苦的思想反复萦绕时，人很容易被它俘虏，就像鱼咬上鱼钩上的鱼饵。相反，思想解脱能帮助公务员留意观察他们的思想而不深陷其中。思想解脱需要运用想象力，目的是把公务员的思想视觉化，无论是飘然入画，还是挥洒成章，既不被它纠缠，也不去分析它，让它不留下伤害地被他抛开。

在进行这项练习时，公务员把自己的想法和相关的情绪当成任何东西都行，不要由于与它们的争斗或自我批评而分心。只要让这些想法和情绪顺其自然，自由来去就行了。

为了达到情绪调节的目的，可以进行一两个思想和情感解脱练习。可以在练习开始时不带有任何先入为主的想法，只是观察任何思想和相关情绪的出现，然后任由它们来来去去而不被它们迷惑，不要分析它们或为它们所左右。

随着练习的深入，这个技巧将赋予公务员更大的自由，选择哪些思想需要关注，哪些思想需要抛弃，而不是眉毛胡子一把抓。

2. 使用应对思想

应对思想，旨在当他处于一个令人痛苦的情形时安抚他的情绪。它们是一些对你自己的实力、过去的成功和一些通常保有的真相的陈述。假如他丢失了一块名贵的手表，如果他认为，“我很粗心”，他会感到沮丧。但如果他运用了应对思想——“错误总是难免，人无完人”，就觉得轻松多了。

找一些公务员觉得强有力的、积极的、可能对他有所帮助的应对思想，或者自己创造一些，然后把它们写在一张卡片上放进他的钱包，或把它们写在粘贴纸上，粘在他可以随时看见的地方，便于他面对困难情形时提醒自己。他越频繁地看到这些安抚和自我肯定的思想，它们就越快成为公务员思考过程中的有用工具。

3. 灵活运用情绪调节方法

（1）升华

情绪是能量，当把这种能量引到一个正确的方向时，让它具有建设性、创造性，对人、对己、对社会都有利，这就叫升华。德国作家歌德，年轻时失恋了很痛苦，曾经想过自杀，但又觉得这么死不值得，可是活着又痛苦，于是他选择了把这些烦恼和痛苦的情绪写出来，最后写成了《少年维特之烦恼》，成为世界名著，这就是情绪的升华。

（2）幽默

幽默就是开玩笑，或是自我解嘲，它是一种情绪的消化剂。与人交往时，常常会遇到一些尴尬的情况，这时候一个得体的小幽默便可以化解尴尬。如果大家都幽默一点，那么人与人之间的矛盾冲突就能少一些。

4. 情绪需要寻找出路，学会表达

情绪是能量，如果总是蓄积而不宣泄，它会一直存在身体里，危害身心健康，破坏人际关系。因此需要一些途径进行宣泄和表达。

（1）向自己表达

所谓向自己表达，就是让自己很清楚地认识到当前的情绪状态以及它的来源。比如时常问自己“我现在生气了，我因为什么生气；我现在很难过，我因为什么难过；我现在很郁闷，我因为什么郁闷”等，只要能很清楚地觉察自身的负面情绪，那么负面情绪就已经被宣泄一半了。

（2）向他人表达

一是说出来，要善于倾诉。公务员平时应该有意识地建立一种遇到麻烦可以有人听你说、帮你出主意的人际支持系统，当公务员心里有压力时，可以找他人说一说、聊一聊。

二是哭出来。哭可以把体内的毒素排出来，可以把压力宣泄掉，所以公务员要善于哭，哭完以后心情就会好很多。值得一提的是，当公务员心情不好时，最容易将情绪转移给身边人，尤其是自己的亲人，但他们却很难接受对方的情绪，最后每个人都变得处处为他人着想，自己有伤痛自己消化，从来不把烦恼带给家人，这样的家庭很容易成为“身心疾病家庭”，因为这种家庭的成员很容易患各种身心疾病，如肿瘤、高血压、冠心病、消化道溃疡等。所以，要多给家人一些情绪宣泄的机会，帮助家人化解情绪。

（3）向环境表达

心情不好的时候一定不要把自己封闭起来，要给自己找些事情做。可以去运动、去旅游，站在高山之巅看苍穹，站在大海之边看大浪，还可以到深山老林里去高喊，或者把自己关在屋子里打沙袋，把沙袋当作发泄对象，通过不断击打，把心里的苦闷、憋屈释放掉。

总之，管理好情绪是一种能力、一种智慧，也是一种艺术。从现在开始，公务员要关注自己的情绪健康，学会正确应对负面情绪所带来的种种困扰，走出心理困惑，塑造阳光心态，做一名幸福智慧的领导者。

（二）管理角度

1. 平衡想法和感受

很多事情都能引发公务员的负性情绪。但如果他只注意到所发生的事情的一部分，仍然可能被他的情绪压迫。这种思维类型被称为过滤。例如，一位干部工作一直认真、踏实、负责，常获得领导、同事的好评，可在一次迎接上级检查中他疏忽了一个关键的细节，结果单位的工作评检受到了影响。他十分自责和沮丧，觉得自己太失败了，很压抑和痛苦。同样，如果他过滤自己的经历，把注意力只集中在令人不快的方面，那么，他也就选择了一种受限制、毫无满足感的生活。就像他一直戴着黑色的太阳镜生活，他就不可能看见世界的多姿多彩。

第一，当他开始觉得被一种情况压迫时，首先问问自己，发生了什么事。这是最好的起点。认清究竟是什么使你感到不高兴。上述例子中的干部可能会意识到，是因为他的工作疏忽。

第二，确定他的想法与感受。他的想法极大地影响他的感受。但如果他的想法被过滤而他不能看见全景图，那么他的想法更有可能产生压迫性、令人沮丧的情绪。在上述例子中，这位干部认为，“我是一个失败者”，从而使他觉得不堪重负、沮丧和愤怒。

第三，公务员应问问自己，有什么证据支持他对这种情况的想法和感觉。如果他过滤了他的经历，那么他看到的只是消极的、令人沮丧的事实，人们总是容易找到很多使人感到痛苦和压抑的理由。毕竟，这是常有的事。上述这位干部一直以来努力工作，但这次上级检查中他却疏忽了关键的部分，是他历年来做得最差的一次。

第四，公务员必须看到所有的事实，并指出与他想法和感受相矛盾的证据。前面的例子中，事实是这位干部一直工作认真踏实，常得到领导和同事的好评。想想这些信息是如何与他的想法（“我是个失败者”）和感受（压抑、失望）相矛盾。显然，他滤掉了他的全景图中非常重要的部分。

第五，对自己公平、友好一点。对自己的任何想法总有支持和反对的证据，而且就算是有些许矛盾的证据，也请添加到他自己的全景图中去。问问他自己是否有一个更准确和更公平的方式去思考和感受当时的情境。在这个步骤中，将新的证据添加到他的全景图中，并尝试创建一个更准确和更公平的方式去思考和感受。在现实中，这可能不会马上改变他的感受，但是它会帮公务员注意到以后如何来感受这种情境。

2. 增强正面情绪

很多经历消极情绪的人对自己愉快的情绪大打折扣，将愉快的情绪过滤出来，或一开始就没有给自己经历这些愉快情绪的机会。因此，他们只关注自己的痛苦情绪，如愤怒、恐惧、悲伤，而很少注意到愉快的情绪，如快乐、惊喜和爱。所以，留意自己的愉快情绪是非常重要的。随着他继续使用辩证行为疗法来改善他的生活，他会希望找到更多的方式来体验愉快的情绪，尤其是当他的生活中缺少愉快的情绪时。这并不意味着他再也不会经历痛苦的感觉，这是不可能的。生活中每时每刻，我们都可能经历痛苦的情绪，但你的生活不一定由它们主宰。

一个将注意力集中在愉快情绪的非常可靠的方法，就是要为自己创造愉快的经历。要为自己建立一个更为平衡、健康的生活环境，需要每天花一些时间为自己创造一个愉快的经历，并记录下这个经历为你带来了怎样的感受和想法。

3. 记录情绪日记

情绪日记记录的是每天的情绪情况。任何情绪的产生都是存在一定原因的，记情绪日记的目的就是要找出产生情绪的原因，以便于个体分析自己情绪产生的规律，起到良好的控制和调节的作用。具体的做法是：记下每天发生了什么事，有什么感觉，甚至一些微小的感觉。在单位工作时感到心情不愉快，影响了工作效率，为了保持良好的心境，就可以通过记录情绪日记的方法分析情绪不悦的根本原因。

此时，可通过写情绪日记，分辨情绪类型，仔细思考情绪低落的原因。是觉得焦虑？是觉得有挫折感？还是有愤怒的感觉？在连续记录情绪数周后，对情绪变化的原因进行分析，就可发现情绪低落的根源所在。然后，再找出疏解低落情绪的办法。如果遇到上述情况，不管是焦虑，是挫折，还是愤怒，都不要埋在心里。

通过情绪日记写作所进行的自我表达可以把在脑中盘旋的有害的思想写出来，这种方法是一种情绪宣泄。日记写作使得思想、情绪和感知得到释放，解放心智，延伸和扩展自我界限。日记写作经常被称为写作调节，因为旧的思想可以得到排遣，这些旧思想所腾出的空间就可以留给扩展的个人内心意识以及有深度的思想，增加的意识为我们在众多环境中的自我了解打开一扇门。写下个体的思想可以将它们释放，不会再绞尽脑汁地去思考。思想和情绪的释放也可以称为个体的忏悔，以真诚面对自己的行为。这是矫正个体内部关系及与他人关系的第一步。

另外，与对话或内心对话不同的是，把写作作为自我表达的载体使作者能够掌控自己的情绪，因为抽象的思想实实在在地写在了纸上。

事实证明，压抑不是解决问题的办法。尤其是迟钝型的人，遇到令自己愤怒的事时没有发脾气，克制住了自己，但愤怒的情绪仍然存在，日积月累，到最后实在压抑不住了，一旦发泄出来，就如同火山爆发，十分可怕。

4. 有效地进行角色转换

在生活中，有的人“身兼数职”，在家庭中既是子女又是父母，在工作中还是领导干部。每一个角色对我们来说都意味着沉甸甸的责任。同时，也意味着公务员要根据不同角色适时进行角色转换和情绪处理。如果经常将工作情绪带到家中，家庭肯定会出大问题。

倾听是顺畅进行角色转换的有效手段。忙碌一天回到家，老人可能会唠叨一些家长里短的小事，孩子也会围着你说东说西。把自己的思想放空认真倾听他们的话语，家里就会呈现其乐融融的景象。因而规定让自己每天必须抽半小时跟孩子聊天，让孩子知道家长再忙也关心他。

职场上不要做一个很强势的管理者，倡导通过平等沟通的方式解决问题，也不主张用激进的方法达成目标。有了平和的心态一切都会比较平稳。当然也有因为某种烦恼情绪不好的时候，这时候可以通过看书和冥想让自己的心情平静下来。同时鼓励自己把所有的经历看成生活的体验和历练继续努力奋斗。

5. 学会接纳，与情绪和平共处

中国人不像外国人那么有开放的情怀，很多人一辈子都不善于表达自己的情感和情绪。譬如父母与孩子之间，甚至爱人之间，都很难说出这个“爱”字，但他所做的所有事情在显示“我爱你”。

实际上，对每个人来说，情绪都是客观存在的，在不同的情境下它以不同的方式生发出来，没有好坏之分。因此，最重要的是，我们要学会了解、接纳和疏导自己的情绪，让它时刻发挥正向的作用，将负面影响降到最低。

现代都市人都有沉重的工作和生活压力，学会引导自己的情绪很重要。当负面情绪出现的时候，努力将它向正面引导。否则带着情绪工作，效率肯定不会高。

（三）生活与健康角度

情绪影响身体健康，同样健康状态对情绪也起着一定作用。俗话说，相由心生。这其实也涉及情绪管理——每个人所生发的磁场，最终都从他的面相体现出来。一个总是愁眉苦脸的人，他营造的就是很负面的磁场；反之，一个整天阳光快乐的人，他营造的就是积极乐观的磁场，同时他周围吸引的也是同类的人。

影响一个人情绪的因素有很多。我们常常会发现，对待同一件事情，有的人立刻火冒三丈、情绪失控，有的人则一笑了之、轻松化解。这与个体天生的脾气性格有关系，也与后天的成长环境以及饮食、营养等因素息息相关。由于婚姻、工作等影响，长时间处于郁郁寡欢状态的人，最容易得癌症等重疾；喜欢食麻辣等刺激食物的人往往也容易脾气暴躁。化解情绪最好的方式是自我开释。要明白人生而有差异，你不可能改变任何人，更不可能改变自己所处的环境。因此，只有选择尊重理解和适应，多看别人的长处、多想别人的好处，让自己时时阳光温暖，才能让自己所处的环境更和谐。

如果身处高压状态，确实需要发泄情绪的时候，有效的方法有很多，根据个人爱好来选择。比如，可以选择去爬山或者打球，也可以去游泳或者听音乐，用一段时间，让自己彻底放松下来。把身体调节到一个最好的状态，更有利于营造积极的情绪。

第五章
公务员心理问题的调适

当今社会处在信息爆炸、新事物和新思想此起彼伏的快节奏时代，很多人都经常感觉到疲劳、烦躁、焦虑等。公务人员作为社会管理的中坚力量，往往承受更多压力、心理负担更重，心理压力甚至心理健康问题不可忽视。因此，研究公务员心理压力存在的原因，并提出调适对策，对提高公务员心理健康水平意义重大。本章主要分为面对心理压力的自我调适、面对心理失衡的自我调适、面对心理挫折的自我调适三部分，主要内容包括：重视公务员心理压力问题的必要性分析、公务员心理失衡自我调适的策略、公务员心理挫折的自我调适等方面。

第一节　面对心理压力的自我调适

一　压力的定义

压力的定义最早由加拿大学者舍利提出。舍利认为，压力是“躯体对所施加的任何要求所作出的非特异性反应”。这是一种生理学导向的观点。随后的研究证明，压力是一个内部和外部交互的复杂的过程。心理学家拉撒路（Lazarus）提出了心理学界目前普遍接受的压力定义，是指所承受的责任和事件超出了个体能力的阈值所造成的焦虑紧张状态。根据拉撒路对压力的定义，压力是指处于压力状态的人的行为、思维以及情绪等主观体验上“觉得紧张”的心理反应。根据综合文献，有关压力的定义几乎没有差异。压力是指当一个人处于内在环境或外部环境时，受到具有威胁性的紧张刺激，从而产生了一种一时无法消除且被压迫的心理感受。

二　公务员心理压力的生成逻辑

（一）工作要求高

1. 工作任务重

所谓工作任务重，指的是工作强度和工作要求等超出了个体在生理上和心理上所能承受的限度。工作任务重是当前公务员最重要的压力源，具体包括工作物理负荷强度、工作时间长度、工作质量要求、工作自由度、人际关系的复杂程度等方面。当前，各级公务员都有大量的具体任务要求，每一位公务员都感受到了前所未有的压力。他们既要保持经济快速发展，又要提高经济发展质量；既要攻坚脱贫，又要征地拆迁；既要维护社会稳定，又要确保公平正义。每一项工作任务都如一座大山，需要各级公务员努力攀越。如果工作任务明显超出其能力和精力范围，长此以往，其就会出现精疲力竭的现象，产生心理压力。

2. 能力要求高

公务员的工作性质决定了其工作结果只能好，不能坏，这不仅影响其个人利益，更影响整个国家和人民的利益，其工作中的任何失误都可能给国家和人民造成巨大损失，这对公务员的能力提出了更高要求。新形势、新问题、新常态对公务员提出了新考验，在能力上提出了新要求，这已成为公务员，特别是领导干部的另一个重要压力源。新环境下，公务员普遍感到新办法不会用，老办法不管用，硬办法不敢用，软办法不顶用，工作上难以适应，出现本领恐慌。一是对公务员能力素质提出了新要求，不仅需要良好的业务能力，还需要过硬的政治能力。二是要求公务员必须会带团队。如何带好一个团队，调动大家的工作积极性、主动性和创造性，让部分公务员产生巨大心理压力。三是如何更好地适应上级的工作作风，达到上级的要求，也给很多公务员造成较大心理压力。

3. 管理监督严

新形势下，对公务员的监督全面加强，部分公务员难以适应这种高压态势，从而产生心理压力。

首先，监督管理主体多中心、全方位。既有自上而下的组织监督，也有自下而上的群众监督，还有同级之间的相互监督，形成了统一指挥、权威高效的监督体系，这对部分平时不太讲规矩、不太讲政治的干部构成强大的心理压力。

其次，监督管理全覆盖、无死角。当前，对于公务员，不仅工作上有严格的监督管理，其工作外的生活圈、社交圈也受到民众监督，监督无处不在、无时不在。

再次，监督管理方式全方位、立体式。当前，监督管理方法既运用传统手段，如走访、约谈、考核、举报等，也运用现代高科技手段，如互联网、大数据等。公务员的一言一行、一举一动都在监督管理范围之内，每一个公务员都必须谨慎行事，从而使部分公务员产生心理压力。

4. 完美主义情结

公务员往往自我要求比较高，这种高要求具体到工作和生活中，就是追求工作和生活完美。

一是追求职业生涯的完美。很多公务员都有自己的职业生涯规划，对未来发展做了详细的规划，如到什么年龄应该晋升到什么级别、取得什么样的工作成就等。进行职业生涯规划本身没有问题，但公务员的职位晋升受到众多因素影响，很多时候并不可能完全按照理想和意愿去实现。公务员工作能力强固然是晋升的重要因素，但能力强未必就能获得提拔重用，为人处世和发展机遇也很重要。公务员如果不能调整好心态，就容易产生心理压力。

二是要求他人完美。完美主义者不但对自己要求完美，对他人也要求严格，总是用自己设定的标准去要求他人，而他人很少符合他们的行为标准，结果他们常常被沮丧和敌意困扰。

三是追求角色完美。由于特殊的社会角色和工作环境，公务员，特别是领导干部往往无暇顾及家庭、子女，没有时间与父母、爱人、子女沟通交流，享受天伦之乐，甚至出现夫妻关系不和睦、家庭关系不和谐问题。在公务员表面光鲜的背后往往隐藏着鲜为人知的孤独和煎熬，这也会造成部分公务员心理压力巨大。

（二）个体资源不足

个体资源指的是个体面对压力时所拥有的能力和品质，包括认知能力、个性特征、意志品质和工作技能等。归根结底，心理压力的产生是因为个体资源不足，内心不够强大。当一个人具备了足够资源来应对眼前的事件时，压力就难以形成，即使形成也能迅速化解。

1. 事件应对能力

在现实中我们经常看到，面对同样的工作、同样的压力事件，有一些公务员感到非常焦虑、无所适从，从而产生巨大心理压力，而另一些公务员却能够从容应对、妥善处理、随机应变。究其原因，主要在于他们应对事件的能力不同。当一个人具备良好素质、各方面能力都较高时，就具备了应对压力事件的能力，压力事件在他那里就不一定构成压力。

卡拉塞克认为，工作要求和个体把控工作的能力是否匹配决定了工作压力的大小。如果工作要求很高，个人能力较弱，即工作的控制力小，个体就会感到焦虑，处于一种高压状态。也就是说，当一个人能力不足，无法有效解决生活和工作中必须解决的各种事件时，压力随之产生。所以，在公务员心理压力的生成逻辑过程中，应对压力事件的能力是公务员心理压力产生的最直接和最根本的因素。

2. 心理承受能力

所谓心理承受能力，即我们通常所说的心理抗压能力，是指个体在遭遇压力事件时，能否经得起事件应对不善带来的打击和挫折，能否摆脱和破解困境，使自己避免心理与行为失常的一种耐受力。不论在工作中还是在生活中，要想找寻一个没有压力源的世界是不现实的，压力事件总是伴随左右，这就要求公务员具备良好的心理抗压能力和承受能力。一个拥有较高承受力的人，在面对同样的压力源时，会感觉到较小压力；反之，则可能感觉到巨大压力。

现实中，在压力和挫折排解能力方面，很多公务员没有很好的方法，遇到挫折只是一味地消极承受，不能积极采取措施应对。有些领导干部甚至承受不了压力所带来的焦虑、紧张情绪，从而自暴自弃。他们面对小小的困难都可能无限放大，承受不了这些事件所带来的不如意，其实这也是一种人格不健全的表现。

（三）认知评价模糊

认知评价是指个体对其工作或生活中有害的、危险的或具有挑战性的事件的解释，以及他们是否认识到用于应对事件所必需的资源。心理压力的产生，很多时候并不是压力事件本身造成的，而是个体对这些事件的认知以及对自我的认知发生偏差所造成的。

1. 对事件的认知评价

心理压力的交互作用模型显示，压力的产生是环境刺激与个体对环境可能产生的威胁的评价两者结合的结果。人们对于正在经历的事件的最初认知评价，往往会根据已经建构起来的知识和经验体系进行认知加工。但受人生观、世界观和价值观，以及先天的局限性和后天的种种现实问题影响，这种知识和经验结构体系往往带有片面化、绝对化、扩大化和表面化等倾向，不能客观真实反映情况，具有很强的不可靠性，甚至会出现错误，出现“一朝被蛇咬，十年怕井绳”现象。很多时候，人们对事物的认知评价，还受自我的思维、想法、性格、心理状态影响，容易做出有偏差的认知。比如，一个充满负能量、有心理阴影的人看任何事物都可能存在压力，甚至陷入“心理泥潭”不能自拔。

2. 对自我的认知评价

对自我正确的认知评价最重要的是不能忘记自己是谁，从哪里来，要到哪里去，即通常所说的要有自知之明。但很多时候，公务员并没有很好地认清这三个问题，不知道自己是谁，不清楚自己的人生目标，不清楚自己的能量资源，从而给自己设定过高的社会期望。当一个人能力不足而又期望过高的时候，其压力不言而喻。拥有远大的理想没有错，但是我们的理想和目标一定要建立在对自我正确认知的基础之上。我们常讲，不愿当将军的士兵不是好士兵。

但是，我们也要记住，并不是每个人都有能力当将军，也不是每个人都适合当将军。如果选择的职业不适合自己，心理压力就自然而然产生了。自我认知评价过高，目标太远大，期望值太高，理想难以实现，是当前很多公务员心理压力巨大的重要原因。

3. 对现实的认知评价

我们经常会看到这样一种奇怪现象：工作中遇到相同的难题，有些公务员能力很强，也能较好地解决和应对这类事件，但他们仍然会感受到压力；而另一些公务员能力不强，甚至不能有效处理好这些事件，但是他们似乎并未感受到多大压力。究其原因，这跟他们对待现实的态度有关。心理压力大也是一个人责任心和事业心的重要体现。

一个对党和国家事业不忠诚、对人民利益不负责任的公务员，与一个尽心尽责于国家和人民事业的公务员相比，其压力感显然完全不同。有些公务员对于工作做得好与不好持无所谓的态度，对周围的评价满不在乎，在这种认知态度下，他们往往不会有压力；但有些公务员特别在意工作的表现和成就，在意上级领导和群众对他们的看法，他们会把工作的完成情况看得很重，即使出现细小的差错，也会感受到巨大压力。总而言之，那些非常在乎事件结果、追求完美的人，往往比那些对事件结果不十分在意的人压力要大。

（四）社会支持匮乏

1. 组织环境

每一个人都生活在特定的组织或群体当中，组织或群体的文化氛围和制度设计直接影响个体的心理压力状况。如果组织文化和工作环境很好，并且拥有人性化的制度设计，领导平易近人，同事关系融洽，就可以减轻和缓解心理压力。如果组织的制度设计要求非常严格，不容许工作有任何失误，长期在这样一种组织环境中工作，会给每一个人形成巨大心理压力。组织的人文关怀也影响公务员的心理压力。一个只关注工作业绩而不关心员工生活状况的组织，其成员心理压力明显偏大。

2. 社会网络

有研究表明，拥有多样化社会关系的人比拥有较少社会关系的人普遍心理压力较小，那些心理压力较大的人往往很难得到家庭成员、朋友和同事的支持。因为多样化的社会关系对于缓解心理压力具有重要作用。社会关系网络最大的功能在于它能够给处于困境中的人带来社会支持，包括切实的帮助、信息和情感上的支持。对于公务员来说，其社会关系主要包括与家人、朋友和群众的关系。如果公务员在平常的工作和生活中能够得到家人的理解和支持，能够得到朋友的帮助和鼓励，能够得到群众的拥护和赞赏，那么就有利于公务员缓解心理压力。但现实中，很多公务员得不到家人的支持，一方面要承受家人的抱怨，抱怨收入不高、抱怨没有时间陪伴等；另一方面要面对自己的内疚感，觉得对不起家人。同时，面对生活中的巨大压力和各项制度规定的约束，公务员很多时候难以得到朋友的理解，也无法得到朋友情感上的支持和物质上的帮助，心理压力自然会增大。

公务员除了要学会自我调压，还要帮助下属调压，优化制度设计，营造良好的组织文化，让自己和下属在一个既严肃又活泼的环境中工作，让每一个人都能开心快乐地工作，从工作中找到成就感，从而提高工作效率。

三　重视公务员心理压力问题的必要性分析

（一）重视公务员心理压力问题是社会发展的客观需要

重视公务员心理压力问题是强化队伍建设、推进社会和谐的客观需要。随着时代进步和综合国力的增强，我国进入了社会转型、体制机制改革的关键时期，原有经济体制的转变、政治体制的局部改革、社会文化及保障体制的逐步健全，一系列的工作任务给我国各级公务员带来了从未面对的种种压力。所以，重视心理压力、保持心理健康是公务员干好工作、推进科学发展观落实的客观需要。

（二）重视公务员心理压力问题是提高工作效率的重要保障

健康的心理素质，是公务员履行职责、提高工作效率、推进工作的重要保障。高效率的工作，从以往经验来看，往往与执行者的心理属性分不开。公务员心理素质直接影响其公共服务行为与行政手段的科学规范，决定了干群关系的亲与疏，最终将决定事业的兴衰成败与群众的利益得失。

对公务员而言，行使权力、发挥其决策功能的过程就是通过健康稳定的心理素质，在一种潜移默化的作用下，使干部职工齐心协力、众志成城地推进国家、社会、单位甚至个体事业的发展与进步的过程。只有心理素质良好的公务员，才能摒弃一些生活琐碎之事，才能做到以事业为重，才会正确地评价和使用干部，正确地培养人、任用人，充分挖掘个体优势，用其所长，激发其工作积极性和热情，营造和谐舒心的工作环境，从而推动一个地区或一个单位的各项事业健康发展。

（三）重视公务员心理压力问题是个体自我实现的重要体现

良好的心理素质，也是公务员自我完善和自我实现的重要体现。人本主义心理学家马斯洛认为，人总是在不断寻求一个更加充实、更趋完美的自我，不断寻求生存的意义和存在的价值，最终趋向于自我实现。公务员也是一样，在履行社会职能的同时，也希望实现自我价值，而如前文所述，自我实现，也正是公务员心理压力的成因之一。一些公务员以职位、权力、利益为自我实现的价值取向，盲目与人攀比，斤斤计较得失，一有失意就导致严重的心理失衡，一有成就就会自我膨胀，这些不但会对其工作造成不良影响，而且对公务员的自我实现也极为不利。

四　公务员心理压力得不到缓解带来的后果

（一）对个体生活及家庭带来的后果

就公务员个体而言，心理压力不断累积，长期得不到释放和缓解，会对身体及心理造成很大的危害。一是身体容易产生疾病，长期的压力会导致头痛、胸闷、心悸和心血管、胃肠道不适等，进而引发高血压、心脏病等病症，对个人身体产生极大的危害。二是容易心理失调，也就是人的心理状态会发生病理性变化，个体会出现心理困惑或精神委靡不振，而且伴随着认知、情感、人格方面适应不良的行为特征，产生心理失衡、心烦易怒、失眠、抑郁、不信任身边人甚至厌世等情绪。近年来发生的公务员由于心理压力过大而自杀的诸多事例就是一个很好的证明。三是容易带来心理自我封闭和孤独，表现出来的是对许多事情漠不关心，甚至对家庭冷漠、对亲情淡漠，最终导致心理孤独感增加，心中压力更加无法宣泄，寄托于吸烟、酗酒等许多不良的习性，进而走入一种恶性循环，出现这种那种的生理健康问题。

（二）对工作带来的后果

公务员心理压力过大通过日常工作体现出来的几种不利后果也屡见不鲜。一是心理失衡，认为贡献大、付出多，但是回报少、社会承认度低。工作中充满着抱怨和情绪，对上级交办的工作讲价钱讲条件，对基层反映的问题讲利益讲关系。二是心理畏惧，工作犹豫不决，前怕狼后怕虎，不敢决策，怕担责任，导致决策效率低下。三是急功近利，工作贪功冒进，事前不做细致调研和可行性论证，盲目上马项目，大搞政绩工程和面子工程。四是心理麻木，或者对群众的困难疾苦视而不见、漠不关心，或者在受到挫折、责难、非议之后心灰意懒、无所事事、不思进取。五是心理阴暗，处心积虑、钩心斗角，搞亲亲疏疏、搞小圈子，不谋事只谋人。六是心理狂妄，自认为位高权重，盛气凌人，不可一世，搞一言堂。决策中容不得不同意见，听不进他人的劝诫，盲目决策，给班子团结和科学决策带来不可估量的损失。七是心理困惑，对许多不正常、不正确的社会生态，不理解但是要被动认可或者接受，导致迷失方向，不能自拔。

（三）对社会带来的后果

公务员是社会的特殊群体，他们承担着重要的社会职责，是政府与群众沟通的媒介。所以，公务员因心理压力而导致的不良心理状态，必然会影响其工作效果，造成较大的工作冲突或人际矛盾，也必然会造成极大的不良社会影响。

一是阻碍国家政治、经济、文化的有序发展。公务员的职能影响并不限于其个体，还要影响他所管理的单位、行政区域，所以，公务员的工作失误，必将阻碍一个单位甚至一个行政区域的工作开展，这对社会发展或多或少会产生阻碍作用。

二是影响各级党组织和政府在人民群众心中的形象。建设社会主义和谐社会，就是要促进社会各阶层、各行业之间及人与人之间的和谐。公务员是社会各阶层、各行业的中坚力量，公务员在带动社会和谐方面起到了关键性的作用。没有公务员的心理素质和健康水平的提高，就不可能有政府整体执政能力的提高，政府机构在人民群众心目中也不可能有高效、健康的良好形象。

五 公务员心理压力管理与调适对策

（一）激励和约束并重，建立健全公务员奖惩机制

完善公务员，特别是党员干部从严约束与关怀激励相结合的机制，是党的制度建设的重要内容，是增强对党员干部的凝聚力、吸引力，巩固党的领导地位和执政基础的需要。完善激励方式，注重物质激励、精神激励与关爱激励相结合。物质激励是保障干部生活需要的基础，建立党政公务员工资增长制度，健全干部生活保障机制，规范干部补贴发放标准，完善干部奖励政策。在党政干部中树立公平、公正的激励理念，采取以功定奖的原则，激发公务员的潜能。精神激励可使党政干部保持高昂的工作热情，对组织形成归属感和契约感。加强党政干部核心价值观和理想信念教育，进行干部职业道德建设，培育正确的职业价值观和积极向上的公务员文化。将关爱激励常态化运用，形成积极向上、理性平和、开放包容的干部心态。

（二）建立容错免责机制和追究问责制度

鼓励党政干部探索改革创新，在前期充分论证和科学决策程序保证下，如果出现非因改革者自身主观判断或者随意决策造成的工作失误，在法律允许的范围之内可以免责。2016 年 2 月 23 日，中央全面深化改革委员会第二十一次会议上习近平同志指出：各级党委要着力提高公务员谋划、推动、落实改革的能力，引导干部树立与全面深化改革相适应的思想作风和担当精神，并提出“三个区分开来”论断。

此外，必须完善风险管控机制与事后完善机制。在改革出现失误时能够迅速控制局面，及时进行补救。建立追究问责制度，对党政干部中不作为、乱作为现象进行整治。让担当者行为价值得到肯定，激发其内生动力。对懒政干部采取批评问责、处罚、降职等必要手段，严格执纪问责，涉嫌犯罪的干部要移交司法机关处理，更好发挥干部激励机制的双向作用。

（三）树立以人为本观念，注重精神文明建设和心理关爱

充分合理地考虑干部的精神文化需求和心理需求，能够使激励起到事半功倍的效果。党政干部面对很多纷繁复杂的问题，如果只谈工作不考虑人的因素，将会影响党政干部的心理健康和工作状态。心理关爱要制度化、常态化，对干部的心理状况定期测评，根据测评结果及时对干部情绪进行疏导。

（四）建立党政干部精神文明创建机制，丰富党政干部的精神文化生活

定期组织领导干部观看能够增强爱国情感的电影、纪录片，增强干部的民族自信心和自豪感。组织党政干部学习党的历史、先进干部的事迹，牢记党的优良传统和发展历程，增强工作荣誉感。在单位内部可以设立读书会、图书借阅室、报纸杂志室和小型球场等，丰富干部的精神文化生活，引导干部积极向上的工作态度。

第二节　面对心理失衡的自我调适

一　心理失衡的界定

心理失衡是远离心理平衡的状态，是人们生活中常见的现象，然而其含义是什么？在《新华词典》和《辞海》中笔者没有找到确切的解释。心理可以是个体的心理，也可以是群体的心理，群体的心理是个体心理的共性表现，形成以后会作为比较稳定的社会观念来关照着个体心理的塑造。无论是个体的心理，还是群体的心理，都是作为一个系统、体系，是由互相联系的各个要素（知情意）或部分组成的整体，即心理世界。心理世界是反映特定环境中人们的某种要求的思想或倾向，是特定社会中人们的心理状态，是人对客观世界的认知、情感反应和意志行为的总和。

心理世界与外界环境之间始终有能量和信息的交流，在此过程中，除

了心理世界和外界环境之间存在矛盾之外，心理世界内部各要素（知情意）之间也有矛盾。由于外界环境的运动、变化和发展，以及心理世界与外界环境的能量交换状态的变化，心理世界各要素（知情意）和各要素之间比例的变化等原因，心理世界始终处于动态变化过程中，表现为心理失衡、心理不平衡、心理平衡等几种不同状态，其中心理不平衡是绝对的、无条件的，是常态。

因此，所谓的心理平衡是一种动态平衡，是相对的、暂时的、有条件的平衡。心理世界是人脑对外界环境的反应，人脑功能的不同以及不同的历史条件、经济政治背景下，社会生活方式的不同，不可避免地对心理世界产生重要影响。

例如，经济成分、分配方式、利益关系以及生活方式的多样化，地区、行业、部门和阶层的不同，价值观念、利益诉求、评价标准和未来期望都存在巨大差异，这些反映到心理世界，致使心理世界的状态呈现多元化、多样化、复杂化。当人的心理期望和其所处的实际境况存在较大差距时，人也就呈现出不同程度的心理失衡状况。

心理失衡是人的心理世界与外界环境不能进行有效的能量交换，或对外界环境的严重不适应而产生的心理障碍，是脱离对社会具有正面影响的范畴，对社会、对自身产生负面消极影响的心境。造成个体心理失衡或群体心理失衡的原因虽有很大的差异，但是，心理失衡有一些共同的表现。大致表现为：一是认知偏差、不正确、不科学，表现为自怨自艾、自我封闭、自我否定，或狂妄自大、不可一世；二是情感、情绪不稳定，表现为悲观失望、郁郁寡欢，或躁动不安、躁狂发作；三是意志颓废、逆来顺受，或谩骂攻击、疯狂报复。大部分人在特定时间、地点和情况下会出现不同程度的心理失衡，如果事情处理得不好，或者主观调控得不及时、不恰当，可能对社会、对自身造成严重的后果。

二　心理失衡的相关概念辨析

心理失衡是心理不平衡的严重表现，是心理危机、心理冲突和心理困境等心理不健康症状的核心表现，贯穿这些症状的始终。确切定义心理失衡的概念，需要与心理危机、心理冲突和心理困境等概念进行相应的鉴别。

（一）心理失衡——心理危机

心理危机是心理失衡的一种状态，是人面临危机时心理世界表现出的失衡反应。危机是突然出现的一些关涉个体或群体的生存与发展的重大紧急情况，是埋伏的危险、危险的可能性或可能性的危险，是心理危机的诱发因素。例如，地震、空难等一些突发事件，或者其他难以解决的重大问题，使人处于紧急状态，引起心理世界的混乱、不安和失衡。

心理危机的概念是由美国心理学家G. 卡普兰（G. Calan）在1954年首次提出的，是指当个体突然遭受重大生活逆遇时所出现的心理失衡状态。心理危机是由于人解决应激事件的能力、资源不能有效解决应激事件的危害而导致的心理失衡状态，或者说是人的心理能力不能有效应对困境时产生的短暂紧急的心理失衡状态。从辩证发展的角度来看，心理危机不仅有消极意义，还有积极意义。

从积极意义的角度来说，心理危机使人更加清醒地认识到自身处境凶险的一面和自身的局限性，这可以促进人自我反省、自我改进和自我完善；但是更应该从消极意义的角度来加强研究和干预，心理危机具有潜在性、突发性和危害加重性等，可能引起人生理、心理上的重度不适以及行为上的紊乱，对自身和社会都会造成重大危害。不同个体、群体的心理危机有不同的诱发因素和表现特征，可以采取有针对性的干预策略使心理危机得到有效缓解，或者当应激事件的危险性降低甚至解除时，心理世界恢复到日常生活中的平衡状态。

（二）心理失衡——心理冲突

心理冲突是十分常见的心理现象，是引起心理不平衡的重要原因。劳特巴赫（Lauterbach）将心理冲突定义为“存在于个人生活重要领域中的个人自身观念与态度、价值观及对事物看法的矛盾或不一致”。人在满足需要的实践活动中，会遇到两个及以上不一致的实践目的、实践手段和实践结果同时出现，无论怎样选择都无法满足各方面的需要，该如何选择、如何取舍的现实冲突在心理世界的反应表现为紧张、焦虑等心理冲突。人的需要是多方面的，满足需要的具体实践活动形式也是多方面的，在实践活动过程中，总要因为利害关系而面临不同的选择，难免会产生各种形式的心理冲突困扰。

常见的心理冲突形式可分为四类：一是双趋冲突，两个及以上的目标、结果都想实现，但受客观条件的制约，只能选择其一；二是双避冲突，两个及以上的目标、结果都想避免，两难之中必须选择其一；三是趋避冲突，若是两个或多个目标，则可以趋利避害，容易抉择，但是，利弊体现在同一目标、手段和结果上时，取舍困难；四是双重趋避冲突，现实的选择往往以双趋冲突和双避冲突的双重甚至多重的复杂形式出现，两个或多个目标和结果都是有利有弊，利弊交织难以评估、取舍。心理冲突会对人产生什么样的影响是不同学派争论的焦点。从发展心理学的角度来说，冲突的不断产生与解决的过程对人的发展与成长起着重要的积极作用，但是更多的心理学家通过大量的实验结果证明，心理冲突会对人的身心健康产生不同程度的负面影响，需要加强心理疏导等机制建设以有效化解心理冲突。

（三）心理失衡——心理困境

心理困境，人们对此并不陌生，学术界至今没有给出明确定义。心理困境是指心理世界处于困难的处境，是现实生存困境和发展困境等在人心理世界的消极反映，产生迷茫、困惑，甚至紧张、焦虑、自卑等不良情绪或感受，更多的是表现在情感上的困境，降低了实践活动的积极性和效率，整体上处于亚健康状态。处于心理困境的特定人群不仅正常的生产、生活受到影响，而且会引发对社会主流思想、主流道德的不认可、逃避、抵制等行为。人在实践活动中除了因客观条件的制约、困难导致的心理困境外，不同的个体、群体也有自身特殊的心理困境表现，如学生、农民工和老人因职业、年龄等不同，产生心理困境的缘由以及表现形式都有一定的特性，需要区别对待、探寻相应的调适途径。有很多学者在谈论不同群体的心理困境和消解策略时，切入的角度各有不同，诱因上多认为是贫困的生活处境、严重相对剥夺感和强烈的受挫感等，消解策略上多是从认知重建、合理归因、营造公平的社会环境、完善社会保障和建立心理疏导机制等来探寻，这不仅没有对心理困境的定义做出统一明确的说明，也没有说明心理困境与心理危机、心理冲突和心理失衡之间的关系。

心理危机、心理冲突是造成心理失衡的原因，心理困境则是心理失衡现象在情感上的表现。困难的处境不一定让人产生心理危机、心理冲突，但是，心理危机、心理冲突导致的心理失衡，可以表现为心理困惑、心理紧张等心理困境。心理困境是心理世界的一种处境，是从广泛的意义上来说的一种症状表现，是心理失衡表现出的症状之一。

三 心理失衡的特性

（一）多维性和层次性

心理失衡的多维性是指心理世界的多维度失衡，心理失衡的多维度表现。维度是指向量、衡量标准，多维性是指三种及以上的维度。心理失衡多维性包括：从主体的维度来说，面对同样的危机、冲突，不同的个体或群体有不同的表现，有人能化险为夷，而有人却危如累卵；从客体的维度来讲，不同的个体或群体心理失衡的原因有所不同，有人主要是物质需要没有得到满足而心理失衡，而有人却主要是缺乏社会支持、精神慰藉等而心理失衡；从实践的角度来讲，有人因为采用同样的实践手段没有取得相应的实践结果而心理失衡，而有人却是因为实践能力得不到应有的发挥而心理失衡；另外，还可以从性别、职业、年龄等不同的维度来分析心理失衡，这些都说明心理失衡是多维度的失衡。

心理失衡的层次性是指心理世界的不同层次要素的失衡或者不同层次需要没有得到有效满足而导致相应层次的心理失衡。心理世界是知情意的统一，由于认知、情感和意志等失衡而导致不同层次的心理失衡。另外，人的需要不能得到有效满足会导致心理失衡，人的需要有不同的层次，如美国著名社会心理学家亚伯拉罕·马斯洛把人的需要分为生理需要、安全需要等五个不同层次；根据恩格斯指出的，满足人的需要的资料分为“生活资料、享受资料和发展资料”，按从低到高的层次顺序可以把人的需要分为：生存需要、享受需要和发展需要。人在不同阶段对某种层次的需求的迫切感不同，不同层次的需要得不到有效满足导致相应层次的心理失衡。

（二）社会性和历时性

社会性是指个体不能脱离社会而孤立生存的属性，可表现为人和人之间的协作性、依赖性等。心理失衡的社会性是指一定社会中的人的心理失衡。马克思在《关于费尔巴哈的提纲》中将人界定为：“一切社会关系的总和”。马克思关于人的本质的理论说明一个重要的事实：人是社会性的动物。只有在社会中，个体才有可能获得生存和发展。所以我们对心理失衡也不可能做抽象的、凭空的理解，而是将人的心理失衡放在社会范围内去考察，探讨个体、群体和人类整体的心理失衡状况，分析人在不同的社群、职业、价值观等领域中心理失衡状况，从人的社会认知、社会交往关系、实践活动中来分析心理失衡的状况。因此，心理失衡本身就是社会中的人的心理失衡，心理失衡的社会性更重要的含义是相对于社会中的他人而言的。

历时性是指从纵向的、动态的维度（过去—现在—未来）去考察心理失衡的视角。心理失衡的历时性是指侧重于从心理世界的动态变化过程以及过程中的动态变化规律来把握心理失衡，既是心理世界动态变化过程中的表现，也是历时共存的表现。例如，心理失衡是由于需要没有得到有效满足而导致的，实践活动是满足需要的手段，任何实践活动都有一个发生、发展和完成的过程，心理世界必然随着实践过程的进展而变化。另外，心理世界必然受过去的实践活动结果的制约，以及实践手段能否满足当前的需要，未来的实践能力能否改善未来生存、发展状态等都会影响心理世界。因此，心理失衡不仅是心理世界动态变化过程中不同阶段的失衡，还是心理世界历时共存的失衡。

（三）普遍性和特殊性

心理失衡的普遍性是指心理失衡的共性，每个人随时都面临着心理失衡的风险，心理失衡的风险伴随人的一生，人的一生中都有或轻或重的心理失衡的经历。普遍性是指事件发生的常见性和必然性。如前文所述，心理世界始终处于动态变化中，心理不平衡是绝对的、无条件的，心理失衡是心理不平衡的严重状态。心理失衡是人的愿望不能实现、需要得不到满足以及在面临重大危机和冲突时得不到有效化解而产生的心理不健康状态。随着主客观条件的变化，对于每个人来说随时都有发生心理失衡的可能，一生中不可能没有心理失衡的经历。

心理失衡的特殊性是指心理失衡的个性、相对性，不同的个体或不同的特殊群体具有不同的心理失衡诱因、不同的心理失衡表现以及不同的消解途径。特殊性、个性是与普遍性、共性相对应的一对哲学范畴，是指事物特有的、不同于其他事物的性质。心理失衡的普遍性、共性正是通过心理失衡的特殊性、个性表现出来的，认识心理失衡的特殊性是科学地认识心理失衡的基础，也是具体地解决心理失衡问题的前提。个体、群体自身的特殊本质决定了心理失衡的特殊性，如对困难、挫折的认知水平，心理承受能力，情感反应以及调控能力等；个体、群体所处的特定的生存、生活环境决定了心理失衡的特殊性，如贫富差距大、不公平的待遇、缺乏社会支持、社会保障不健全等；个体、群体的实践决定了心理失衡的特殊性，如实践目的不合理、实践手段不科学、实践结果不理想等。因此，这几方面的特殊性也决定了心理失衡的不同表现以及采取不同的处理策略。

四　心理失衡的危害

（一）身心俱疲

心理失衡是心理危机、心理冲突和心理困境等心理不健康症状的核心表现，并贯穿这些症状的始终。总体上来讲，心理失衡与环境、自身的心理素质和行为之间是密切相关的、相互影响的，无论是外部应激源造成的，还是心理世界的内在因素失衡引起的，心理失衡不仅会影响个体心理健康，而且会影响个体身体健康。心理失衡因不同个体或群体性格、观念、心理承受能力的差异，可以有很多不同的具体表现，对自身可表现为：认知上的压力大、自责、自卑，情感上的消极、悲伤、恐慌，意志行为上的自暴自弃和消沉颓废等，心理失衡的具体表现可以是不同的，相同的是都会影响人的身心健康，使人感到身心俱疲。

从神经生理学上来说，处于心理失衡状态的人的大脑机能处于失调的状态，即通过中枢神经系统表现为过度兴奋或过度抑制，前者可导致新陈代谢加快，大量快速消耗能量，使身心陷入疲惫状态；后者可导致消化、免疫等各系统受到抑制、功能减退，感到身心疲惫。例如，临床上常见的身心疾病就是由于心理失衡因素引起的具有躯体症状的疾病。可见，心理失衡不但会影响心理健康，还会影响身体健康。

（二）社会冲突不断

社会冲突在人类社会是普遍存在的，是心理失衡的激烈对抗形式，是由于不同利益群体之间需要、利益和价值观等存在差异和对立而导致的外部对抗行为，超出了社会系统正常运行的可承受度，是已经发生的危机所带来的严重后果。研究冲突理论的美国著名学者刘易斯·科塞（Lewis Coser）认为："社会冲突是社会群体之间由于利益或价值的对立而发生的对抗。"

引起社会冲突的原因有贫富差距增大、社会交往秩序混乱、主观认知偏差和腐败蔓延等，不管引起社会冲突的根源是什么，利益格局的变化是引起社会冲突的主要原因，利益冲突是最终根源。马克思和恩格斯在《德意志意识形态》中曾指出："一切历史冲突都根源于生产力和交往形式之间的矛盾。"据此分析社会冲突发生的逻辑机理，利益的社会本质是生产关系，社会的变革过程就是人们利益关系调整的过程，不同个体或群体间存在着利益的博弈，不管是什么样的具体原因造成了利益格局的变化，其结果必然会有一部分人成为利益受损群体，另一部分人成为利益获得群体，如果利益格局的变化幅度是在人们的心理承受范围以内，确切地说是没有超出利益受损群体的心理承受度，可以通过内化、调控等途径来逐步消解利益格局变化带来的冲突风险，如果超过了一定的限度，使利益受损群体达到心理失衡的程度，那么极易引起社会冲突。

不管社会冲突表现形式是经济、社会和文化上的冲突，还是个体、群体和整体之间的冲突，从功能上来讲，社会冲突有一定的正向功能、积极作用，如具有一定的社会预警功能等，可从整体上来说主要是其负向功能、消极作用，表现为无效消耗社会资源、扰乱社会秩序、延缓社会历史发展的进程。从程度上来讲，社会冲突有轻微型、间接型和严重型，前两种处于容易激化社会矛盾的状态，是并没有实际发生的冲突；严重型社会冲突是已经发生了典型性、突发性事件甚至群体性事件，诉诸了一定的暴力手段，若不能及时、妥善调控，不排除大规模爆发群体性事件的可能。在当下，高层职业群体占有越来越多的财富，低层职业群体仍然维持在基本生活水平，所拥有的财富相对于社会总体财富越来越少。这势必在一定程度上造成低层群体心理世界的失衡，造成轻微型、间接型社会冲突不断，若社会矛盾不断被激化，不排除严重型社会冲突的可能。

（三）道德沦丧的困境

道德属于社会意识形态，是调控人们心理和行为的准则、标准和规范的总和。在特定的社会发展阶段，一般有属于本时代公认的道德规范，道德通过社会的或一定阶级的舆论来发挥调控功能，是人与人（社会）之间以及人与自然之间的关系调节剂。道德沦丧是指人的内心世界丧失道德伦理观念，处于对社会公认的道德规范视而不见、听而不闻的冷漠状态，践踏社会道德标准，甚至自身内心的良知泯灭，冲击社会道德底线。冷漠一般是指基于人对外界环境认知偏差的情感消极、意志消沉、无动于衷的状态。道德冷漠表现为道德观念淡薄，道德标准混乱，道德情感上的消极、麻木，道德行为上的冷淡、阻抗。

道德的沦丧、缺失、冷漠固然有一定的社会根源，如社会道德支持欠缺、道德评价标准模糊以及道德建设不足，但是，如果把道德沦丧完全归结于社会根源未免过于牵强附会，因为外界环境的变化作为外因势必作用于人们的心理世界，道德行为仍然是人的自主性行为，发挥道德观念和道德标准的作用以及践行道德行为规范都不可能越过心理因素的“过滤”，因此，心理世界的失衡在认知上的偏差以及消极情感的阻抗、消沉的意志、反社会的行为等作为基本的内在因素，势必成为道德沦丧、缺失和冷漠的重要原因。

社会的发展变革伴随着利益格局多元化、利益格局的调整，个体或群体在社会中的利益角色的变化导致他们心理世界的变化。在社会角色定位中，失落的个体或群体的心理世界是失衡的，失衡的心理不再宁静与健康，失衡的天平更会朝向自身倾斜，向自身的需要、自身的利益倾斜，自身需要、自身利益和自我关切逐渐替代道德在实践活动中的评价作用，为自身的利益而漠视他人的苦难，以自身的利益作为是非善恶的标准来裁度道德，原来奉行的道德观念发生改变，内心中新的道德观念偏离于所属时代的道德规范，在实践活动中道德行为准则偏离常规，势必造成正义缺失、善恶不辨，道德权威被消解，这种效应在整个社会发酵，导致道德沦丧的危机。

五　公务员心理失衡自我调适的策略

（一）合理宣泄

合理宣泄有助于疏导人的内心困扰，释放积压的消极情绪。当个体处在心理失衡状态时，可以向家人、朋友等身边人进行倾诉，在倾诉过程中，会获得更多的理解和认同感，使自己不再处于孤立无助的状态，从而增强自身的信心和克服困难的勇气。也可通过听音乐、体育运动、写日记等方式进行自我宣泄，把内心的不良情绪发泄出来，放松紧绷的神经，消除机体的疲劳感，使自己回归到相对平衡的状态。在遭遇较大困扰或面对一些自身无法调节的失衡状态时，要加以重视，敢于面对，及时向专业的心理咨询师或心理咨询机构进行求助，避免病情的恶化，导致心理危机的发生。

（二）克制自己

好的心态是心理健康的前提，要有积极向上的进取心，更要有处世淡然的平常心，克制自己的意志力。对于能力不如自己却混得比自己好的人，要保持良好的心理平衡力，善于学人长处。对于与自己不同意见的，充分发扬我党注重民主团结的优良传统，积极接纳与自己不同看法的同志。看到别人的好车豪宅，要敢于面对现实，善于查找差距，克制欲望的膨胀。若认为自己的付出未得到应有的回报，要善于寻找问题根源，采取合适的方式来解决。当出现不良情绪时，可通过积极的自我暗示、回避、转移等方式控制自己不良情绪的蔓延和加重。

第三节　面对心理挫折的自我调适

一　挫折的定义及挫折心理界定

（一）挫折的定义

《现代汉语词典》把挫折解释为："压制、阻碍，使削弱或停顿；失败、失利"。学界则从主观、客观以及主客观综合角度出发对挫折进行了更加全面、系统的诠释。

一是从主观角度出发。车文博在其著作中写道："挫折是个体从事有目的的活动受到阻碍或干扰，以致其动机不能得到满足时产生的情绪状态。挫折情绪至少包括了痛苦、失望或焦虑，而非单一情绪。"另外，边和平则认为，挫折是由于个体在完成某一目标的过程中受到了某种主观因素阻碍，其内心情绪朝着消极方向变化的一种情绪反应（见图 5－1）。

二是从客观角度出发。冯江平对挫折直白的解释就是，在人们生活中普遍存在的"碰钉子"。他列举了人们在生活中遇到的各种具体的挫折情

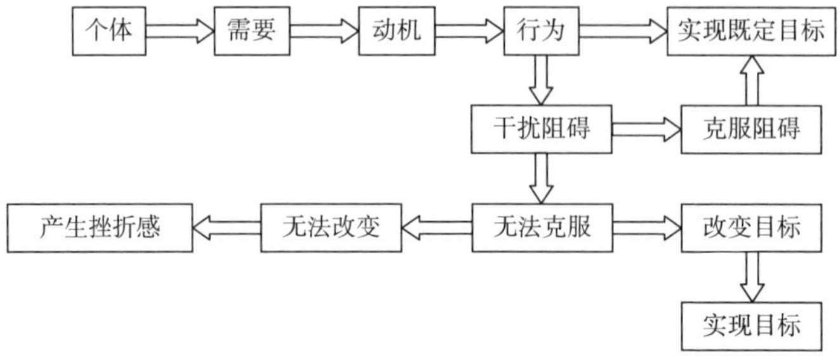

图5－1 挫折产生的过程

境，比如高考落榜、毕业后找不到工作、工作时待遇不公等，冯江平称之为生活或人生受到了挫折。总之，这一角度更加凸显人遇到阻碍时的客观处境。

三是从主客观综合角度出发。方鸿志认为挫折是情绪反应和引发事件的综合，两者缺一不可。虽然挫折会包含这两个方面，但是对于不同的人来说，反应也不尽相同，因此我们要从主客观全面的角度对挫折进行研究和了解。

通过以上学者对于挫折概念的不同界定可知，挫折分析主要包含挫折发生时的情境、对挫折的理解和认识、对待挫折的反应形式。挫折反应包括情绪反应和行为反应。挫折情境可以是已经发生的事件，也可以是未发生的想象中的情境，所以挫折认知才是真正影响人们挫折感和挫折反应的因素。从主客观角度出发定义挫折是比较合理的，即挫折是人们要实现某种目的受到阻碍时的情绪反应和行为反应，以及引发目的受阻的某种情境，是反应和情境的综合。需要强调的是，由于每个人对挫折的认知不同，每个人对挫折的感受不同，相应的评价也不同。所以，即使挫折情境发生，但如果当事人没有相应的挫折反应，也不称之为挫折。比如，同样是高考落榜，有人觉得是人生一大挫折，但也有人觉得人生还有很多别的选择，对于他来说这算不上挫折。

综上所述，通过对各个学者对挫折的界定分析，可以将其归纳为：个体在实现目的的过程中受到各种因素的阻碍，导致目的难以实现或实现困难，这时人们会产生相应的情绪反应和行为反应，以及导致目的受阻的某种情境就是挫折，是一种反应和情境的综合。

（二）挫折心理的界定

挫折情境和挫折反应是密切联系的，但并非必然联系，往往要通过挫折认知来确定，挫折反应的性质及程度主要取决于挫折认知。一般说来挫折情境会引起挫折反应，挫折情境越严重，挫折反应也就越明显。但它们之间不是简单的刺激—反应过程，而是刺激—中介环节—反应过程，而中介环节与个体的认知因素有关。因此，挫折认知是挫折感的核心因素，挫折反应的性质及程度也主要取决于挫折认知。

挫折心理实质上是个体对干扰、阻碍性刺激的一种主观感受，是一种目标行为受阻后的情绪和行为状态，它与个体的气质性格、认知模式，过去经验、心理韧性和挫折承受能力等因素息息相关，同时也与个体的动机、自我期望值、归因情况、个人的抱负等因素都有关。

二　公务员心理挫折的自我调适

（一）提高思想认识，正确对待挫折

1. 正确认识挫折

正确认识挫折，并不是一件容易的事情。当自己处于旁观者的位置，看到别人遭遇挫折时，或许还能做出一些较为正确的分析，而当挫折降临到自己头上时，要能做出正确而清醒的认识，就不是很容易了。在挫折情景中出现许多不理智、不正确的行动，都与缺乏对挫折的正确认识有关。

正确认识挫折，首先我们要看到挫折是每一个人都会遇到的，是生活的组成部分。挫折会给人以打击，带来损失和痛苦，但也能使人奋起、成熟，从中得到锻炼。因此，挫折既有消极的一面，也有积极的一面。我们应当善于变换角度看待自己所面临的挫折。有的人在挫折来临时，就觉得自己是天底下最倒霉的人，但他没有注意到，和那些更不幸的人相比，他可能还是一个十分幸运的人。正确认识挫折，还要注意的一点是，遭受挫折时不能紧盯住它不放。挫折如果已经发生，那么就应当丢开它，不要老

是把它保留在记忆里。

2. 对挫折进行正确归因

造成挫折的原因大致有两类：一类是外界客观因素，一类是内在主观因素。归因倾向于外在因素控制的人，习惯于认为自己的行为结果是受外部力量控制的，这种外部力量可以是运气、机遇等无法预料和支配的因素；归因倾向于内在因素控制的人，则习惯于认为自己的行为结果受内部力量控制，支配自己的成功、失败和前途的原因是本身的能力、技能及自己的努力程度等。

进行正确归因，就是要对造成挫折的原因进行实事求是的认识和分析，弄清挫折的原因到底是外部的，还是内部的，或是内外部两种因素共同起作用。正确分析归因，是应付和解决挫折情景的必要基础。把失败一概归因于外部因素的人，面对挫折会感到无能为力和束手无策，从而不能尽自己的最大努力去克服困难和改变失败的处境；把失败结果完全归结于个体的努力和能力，过多地责备自己，也是不现实的，同样不能对自己的行为结果担负起合理的责任，有效地改善挫折处境。

（二）挫折后认真总结经验教训

总结经验教训可以从几个方面着眼：首先是目标是否恰当。要检查一下主观的智力、能力、体力是否适应目标的达成。如果目标过高了，难以达成，就要适当地降低或改换目标，更不要把远期目标当作近期目标。其次是方法是否稳妥。若目标确属可能达到的，就要检查达到目标的途径、方法是否稳妥，如不适当，则应及时调整和修正行动方案。再次是分析遭受挫折的阻力来自何方。分析造成挫折的原因是自然因素还是人为因素，要积极努力排除阻力，化解阻力。最后是争取社会支援。遭受挫折后，试图采取新的行动时，要注意争取社会支援，也就是通过广泛的社会支持、依靠他人的帮助消解阻力，以期求得成功。

（三）确定适度抱负水平

抱负水平与自我效能感有关。抱负水平是人在从事某种实际活动之前，对自己所要达到的目标规定的标准。规定的标准高则抱负水平高，规定的标准低则抱负水平低。这个自定的标准，仅仅是个体对自己所达到的成就的一种愿望，与从事该活动后的实际成就不一定是符合的。

假如一个人的抱负水平很低，他虽然容易达到目标，但是那种成就并不能给他带来真正的满足，对于增强他的自信心、提高他的自尊心几乎没有什么影响，而且他的身心潜能实际上仍处于被埋没的状态，没有机会充分发挥出来，因此会产生空虚、苦闷、不满足的挫折感；反之，如果抱负水平过高，超过了自己的能力，他虽然会全力以赴，但是仍然力不从心，达不到自己希望的目标，就会使自己产生失败感，挫伤自信心和自尊心。所以，确定适度的抱负水平，是避免挫折和失败，获得成功与自信，使自己得以顺利发展的一个关键措施。

（四）改善挫折情境

挫折情境是产生挫折或挫折感的主要原因，如果挫折情境得以消除和改善，则挫折感自然会随之发生变化，甚至不复存在。如果能够预见到挫折的产生，从而采取及时有效的防范措施，尽量将可能发生的挫折在发生之前予以消除，是最好的方法。这并不是不可能的事，只要对可能发生的事有所预测，就能够预防挫折的发生。挫折发生以后，经过认真分析，如果引起挫折的原因和挫折情境是可以改变或消除的，则应通过各种努力，设法将其改变、消除或降低它的作用。改变情境的一种方法是暂时离开当时的挫折情境，到一个新的环境。对无法消除或一时无法改变的挫折情境，如天灾人祸、生老病死等，就应设法降低和减轻挫折所引起的不良影响，一种方法就是改变环境气氛，给受挫者以同情、支持和温暖。这样，就能提高受挫者对挫折的承受力，增加重新奋起的勇气和信心。

（五）采用合理的调节措施

1. 采用精神发泄法

精神发泄法也叫心理治疗法，它是通过创造一种环境，使受挫者可以自由地发泄自己受压抑的感情。一个人如果处于挫折情境中，常常会以一种非理智的行为取代理智的行为，如果能够通过适当的途径把这些不良的情绪发泄出来，那么就能够达到心理平衡、恢复理智状态。

2. 建立和谐的人际关系

要克服挫折，增强对挫折的适应能力，离开和谐的人际关系是根本无法做到的。每一个正常的人，总要有几个思想上、学习上或生活上志同道合的挚友，经常能从他们那里获得鼓励、信任、支持和安慰等。在与周围的人相处时，其肯定的态度一般多于否定的态度。对其所属的集体，也有一种休戚相关、安危与共的情感，并愿意牺牲个体欲望或利益去谋取集体的发展。这样，他就能被他所处的集体容纳和认同，避免由于人际关系的紧张而产生心理挫折感，即使偶尔出现这种挫折，也能迅速恢复。当受挫者满腹委屈的时候，可以将自己的不愉快讲给朋友听听，从而得到同情和安慰，这种精神上的帮助力量是无穷的。建立和谐的人际关系，有支持、有鼓励，便一定能振作精神。

第六章

公务员心理健康水平的提升

公务员心理健康水平不仅直接关系其自身素质的提高，还关系国家政权的正常运转，关系中国特色社会主义事业繁荣兴旺和国家的长治久安。加强公务员的心理健康问题防治直接关系我国政治、社会、经济等各项工作的管理与运行情况，在一定程度上关系我国社会主义建设伟大事业的成败。本章分为公务员心理健康的基本要求，公务员心理障碍的防治方法，公务员心理健康水平提升的策略三个部分。主要内容包括：公务员心理健康要具有较高的智力水平、坚强的意志品质等基本要求，公务员心理障碍的概念、自我防治和心理治疗等内容。

第一节　公务员心理健康的基本要求

一　较高的智力水平

拥有正常的智力是健康人格的基础，只有智力水平正常才能正常地学习和工作，作为公务员其智力水平要求较高，这样才能保证其在工作中做出正确的决策、才能对问题进行正确的分析，科学合理地解决问题。因此，作为公务员不仅要具备基本的学识，还要具有丰富的工作和生活经验，这是公务员有效完成工作的基本条件。

新时代的公务员要具有终身学习的意识，要不断地学习以适应变化发展的时代，提高自身的执政能力和执政水平，具备较高的文化素质，具备高水平的思维模式，这些都需要较高的智力水平才能完成。

当在实际工作中，公务员的智力水平不足时，不仅公务员自身会感到工作吃力，也会给上级领导、同层领导和下属留下不好的印象，就会在工作中出现不和谐现象，这时的公务员也会对自己的工作能力产生怀疑，产生挫败感，产生心理压力。慢慢地这些情绪累积到一定程度，就会对公务员的身心健康产生严重的影响，从而影响社会主义伟大事业。

二　坚强的意志品质

公务员的意志品质对于心理健康也是基本要求之一，公务员的意志，即通过有意识地确立工作目标，调节和支配自己的工作行动，不断地克服困难，在各部门和员工的共同协助下完成预定的工作目标。公务员有了坚强的意志品质，在工作中就会表现出行动的自觉性，做事也会很果断，有顽强的意志和自制力完成工作目标，用理智的方式面对工作中遇到的困难与挫折。公务员如果没有坚强的意志品质，就会在工作受挫后产生焦虑障碍，心情也会变得很烦躁，这样的情绪很容易被带到工作中，给工作带来麻烦，也给他人造成不必要的精神压力。

公务员在面临“百年未有之大变局”背景下善于从全局性、根本性上看问题，有效把握当前世界和国内发展的趋势。不仅要从当前的世界和历史发展大势中明确我们党和中华民族所处的历史方位，更要明晰下一步的共同奋斗目标，完成属于我们这代人的历史使命。公务员要在不断提高把握发展机遇能力的同时，切实提高抵御、预防“黑天鹅”“灰犀牛”事件等各类风险的能力，善于透过现象看本质，见微知著，有效解决一些苗头性问题，防患于未然，从而确保中国共产党在世界历史进程中始终走在时代前列。

另外，要求公务员时刻保持清醒头脑，面对重大问题和关键问题时坚定政治立场和方向，坚守入党初心与底线思维，做出正确抉择，不负于党和人民，在面对腐败诱惑时要时刻保持共产党人清正廉洁的政治底色，涵养浩然正气。

此外，要求公务员时刻保持忧患意识。“忧劳可以兴国，逸豫可以亡身”，不能沉湎于过去一百年中国共产党带领人民群众取得的丰功伟绩，要深刻认识到“我国仍处于并将长期处于社会主义初级阶段的基本国情没有变”，牢记“创业难，守业更难”。几代中国共产党人带领人民群众实现的伟业来之不易，我们这代共产党人身上的担子和任务依旧很重，必须撸起袖子加油干，不断推动党和人民各项事业向前发展。

三 和谐的社会关系

随着全面深化改革重大部署的逐步推进，公务员的责任也日显重大。公务员是一个单位的业务骨干、中坚力量，上有领导，下有员工，处于承上启下的位置。一个单位领导班子做出的决策，关键是要通过公务员去推动、去落实、去实践。他们不仅代表着一个单位干部队伍的整体素质和对外形象，也可以说是一个单位的战斗员兼指挥员。一项正确决策的实施，最终产生预期的效果，与领导干部执行、落实以及执行的效率和落实的程度有很大的关系。

高效的执行力是一代代中国共产党人在创立社会主义伟大事业征程中所展现出的求真务实、敢于担当、善于担当的工作作风。提高判断力和领悟力的最终目的，就在于切实提高广大公务员的执行力。首先，提高执行力不仅要求公务员坚决执行党中央决定，时刻开展“对标行动”，提高“对标意识”，主动对标党中央精神，将党的政策方针、文件精神实实在在地贯彻落实下去，彰显中国共产党优良传统和工作作风。同时还要求领导干部不断强化底线思维，时刻提醒自己做到令行禁止，严格遵守政治纪律。其次，公务员要根据实际情况讲究方式方法，不能简单地搞“一刀切”，既要善于担当、善于作为，又要对标党中央政策文件，防止政策在执行过程中出现偏差。再次，提高政治执行力，要求公务员扎根基层一线，了解基层人民群众的根本需求，不断提高政策执行的导向性和有效性，帮助解决人民群众最想解决的问题，从而不断巩固中国共产党的执政基础。此外，“中国革命历史是最好的营养剂”，公务员要善于从“四史”中汲取老一辈共产党人治国理政的经验和智慧，不断提高执政本领，更要从“四史”学习中深刻认识红色江山、伟大事业来之不易，坚定理想信念，坚守信仰，传承“红色”正能量，扎扎实实推进各项工作，踏踏实实为群众办好事、办实事。

四　良好的精神状态

俗语中有“精气神”的说法，说的就是一个人要有良好的精神状态，整个人才能保持良好的信念、清晰的思维意识，也是一个人做好一切工作的重要前提。公务员具备良好的精神状态，能够激发公务员自身的智慧和潜能，也会带动周边人员的情绪，是公务员成就事业的重要的精神财富。公务员在情绪上，要善于控制和支配自己的情绪，始终保持乐观向上、豁达开朗的心境，做事有节奏且充满活力，能够调整自己的情绪，使之稳定而平衡，在这样的精神状态下，人们的思维会飞快地转动，记忆力也超常，做事就会充满自信。

五　健全的人格素质

一个人先天素质、接受的教育程度等都会影响一个人的性格，形成每个人独特的气质、能力、爱好和三观等个性特征，这样以人的性格为核心的个性就形成了每个人的人格素质。

公务员的人格就是做人做官的品格、标准和格调。一个公务员如果能够执着追求并切实做到底气足、心术正、气魄大、定力强、人气旺的话，那么，他必然具备强大的人格魅力，党的事业必定会实现又快又好的发展。

六　坚定的理想信念

坚定的理想信念始终是中国共产党的精神旗帜，更是引领无数中国共产党人为推进社会主义事业前赴后继甚至流血牺牲的不竭动力。因此，领导干部始终坚定理想信念，不断强化政治担当，以自己的实际行动践行“不负人民不负党”的铮铮诺言。

当前国际形势风云变幻，境外敌对势力对我国公务员的侵蚀一刻也没有停歇，而“两个理想”正是公务员经受任何考验、抵御任何侵蚀的最有力武器。只有坚定“两个理想”，公务员才能焕发出源源不竭的动力，才能始终坚定在中国共产党领导下，中国梦必然实现的强大信念，才能在面对考验和侵蚀时坚定正确立场，提高明辨是非和抵御侵蚀的能力。

公务员要永葆清正廉洁的“政治底色”，增强自身在面对贪污腐败、不正之风时的免疫力。公务员来自人民，也必须一切为了人民，“消极腐败”是公务员面临的“四大风险”之一，必须引导公务员树立正确的义利观，在开展经济工作中构建亲清政商关系。抓好公务员的党规党纪教育、“政治底色”教育，不断提高政治判断力、政治领悟力以及政治执行力，做到政治头脑清醒、人民立场坚定以及造福人民行动自觉。

公务员要加强党性修养，遇到问题不逃避，善于解决问题。在中国共产党领导人民群众实现中国梦的过程中，不会永远风平浪静，总会遇到许多问题，这就需要公务员遇到问题不退缩，要始终坚持问题导向，不断提高解决问题的能力，敢于与贪腐等不良现象做斗争，既要解决党内存在的一些问题，更要解决人民群众关切的民生热点问题，不断推进中国共产党的先进性与纯洁性建设，在解决问题中绽放党性光辉。

七　宽广的胸怀

思想上的高度决定着领导干部看待问题的深度与广度，更决定着治国理政的成效。在社会主义新征程上，公务员必须始终做到胸怀大局，脚踏实地抓落实。

公务员要对“国之大器”了然于胸，善于站在国家的高度，从大局出发进行判断、领悟以及执行。公务员要牢牢把握党中央最关心什么、强调什么，始终将党和人民以及责任使命放在心上，在履职过程中始终坚定政治立场，信奉人民至上，坚决维护人民群众的根本利益，以实际行动彰显担当。

在胸怀大局的前提下，公务员还要做到脚踏实地抓落实。当前我国正处于“百年未有之大变局”，在面临着诸多发展机遇的同时，也面临着许多的风险以及不确定因素。如何使中国这艘巨轮越过激流险滩、行稳致远，到达目标的彼岸，这就需要公务员充分发扬实事求是、脚踏实地的工作作风，越是遇到艰难险阻，就越是要迎难而上，在工作中落实党中央部署、贯彻党中央精神，要当好推进党和人民各项事业向前发展的“孺子牛”“老黄牛”“拓荒牛”。

要不断增强公务员工作的公开化、透明化，引导人民群众、各民主党派、社会团体等对贯彻落实党中央部署情况进行监督，有效防止公务员工作落实成效不足、行为失范等问题。同时监督的过程也是公务员及时对标党中央政策，纠正偏差，防止政策在贯彻落实过程中出现“走样”，从而促使公务员努力提高自身的判断力、领悟力以及执行力，做政治上的“明白人”。

第二节　公务员心理障碍的防治方法

一　心理障碍的概念

学术界关于心理障碍的定义观点不一，许多学者给出了不同的解释，如学者文心全、易国才认为：心理障碍主要指人在社会环境适应、人际关系的处理和社会交往以及内心活动的处理等方面出现的障碍；学者沈思媚认为：心理障碍是指人的心理内部环境与外部社会环境发生冲突，心理失去正常的状态；国家卫健委也曾这样界定：心理障碍是指一个人由于心理、生理或社会环境因素而出现的各种异常心理过程。严重的心理障碍是极有可能发展成为一种心理疾病的，需要移送相关机构医院进行治疗；而轻微的心理障碍一般能够被社会接受，对他人一般也不会造成危害，只是自己在特定的时期受外界的刺激有所表现，一般情况下表现和常人一样，所以不易被人们发觉，也不用专门以一种疾病来看待。

二　心理障碍的自我防治

公务员作为正常人，在心理上也会有各种各样的需求，而作为独特角色的公务员，又比常人多出各种工作烦恼。这些需求和烦恼得不到满足、难以排解时也会产生心理挫折，引起各种心理冲突。这种心理冲突累积到一定程度甚至超出了他们的心理承受能力时，公务员的心理就会产生失衡，导致各种各样的心理障碍，在实际工作中会或多或少地表现出来，个体行为就会表现异常，长期的心理障碍得不到排解也会诱发心理疾病。

（一）神经衰弱的自我防治

神经衰弱是指除各种躯体疾病以及其他各种神经症和抑郁症以外的，

精神容易兴奋和脑力容易疲劳，常伴有情绪烦恼和一些心理生理症状的一种神经症。神经衰弱是我国目前最常见的神经症，发病率高，占全部神经症的 58.7%。神经衰弱在神经症中程度最轻，预后一般良好，适当治疗能够完全恢复。精神因素是诱发神经衰弱的重要原因。凡能引起神经活动过度紧张并伴有不良情绪的情况都可能是神经衰弱的致病因素。如亲人死亡、家庭不和睦、事业失败、人际关系紧张、生活节律颠倒及长期心理矛盾得不到解决，均可能诱发本症。常常表现为全身乏力、睡眠不良、头痛、注意力涣散、健忘、情绪低落、食欲减退等，工作或学习效率低下。神经衰弱的自我防治主要有以下方法。

1. 保持良好心态

保持一个乐观、知足常乐的良好心态，在面对社会竞争和个人得失的时候，要正确认识挫折，避免心理失衡。

2. 规律作息

建立起一套健康、规律的生活制度，维持正常的睡眠和觉醒节律，在“习惯成自然”中收获良好睡眠。在入睡前应该注重创造一个有利于睡眠的环境和条件，如睡前半小时洗热水澡、泡脚、喝牛奶等，并长期坚持，形成一定的“入睡条件反射”机制。

3. 适度体育锻炼

白天适度的体育锻炼，能够帮助患者放松神经，并获得身体上的疲劳感，有利于晚上入睡。应该注意保持卧室清洁、安静等，还要避免在睡前饮用浓茶、咖啡、可乐等兴奋神经的饮料。

4. 自我暗示

睡前放松，做家务、听音乐、散步等活动都有助于患者放松自己，加快入睡。除了中午小睡一会（不超过半小时）外，白天的其他时间不要睡觉或打盹，以免影响晚上的睡意及睡眠时间。

（二）焦虑症的自我防治

焦虑症是以广泛性焦虑症（慢性焦虑症）和发作性惊恐状态（急性焦虑症）为主要临床表现，常表现出焦虑、恐慌和紧张等情绪，总是感到最坏的事即将发生，常坐卧不安，缺乏安全感，整天提心吊胆，心烦意乱，对外界事物失去兴趣。严重时有恐惧情绪，对外界刺激易出现惊恐反应，常伴有睡眠障碍和植物神经紊乱现象，如入睡困难、做噩梦、易惊醒、易出汗、四肢发麻、肌肉跳动、眩晕、心悸、胸部有紧压感或窒息感、食欲不振、口干、尿频、月经不调、性欲缺乏等。其焦虑并非由实际威胁所引起，或其紧张惊恐程度与现实情况很不相称。病程长短不一，部分患者病程持续时间较长，大多预后良好。过硬的心理素质可以帮助领导干部应对工作和生活中的焦虑。

1. 公务员要提高自我修养

公务员要掌握心理调适的技巧，通过写日记、深呼吸、看书、运动等方式合理宣泄或转移消极负性情绪。心理学研究证明，亲密关系是人获得心理支持和心理动力的重要来源。要善于挖掘心理支持资源，如积极向家人、朋友、同事表达情绪和心理感受，获得必要的心理支持；要摆正心态，增强心理韧性。

公务员要善于从积极乐观的角度看待困扰和压力，增强心理适应性和弹性，培养乐观、豁达的心理品质。要形成正确的认知方式。领导行为与认知密切相关。领导权变理论认为，领导是领导者、被领导者、环境条件和工作任务结构四个方面因素交互作用的动态过程，好的领导应该根据具体情况进行管理。因此，公务员要全面、发展地看待问题，改正刻板印象和片面认知，以调整情绪状态，优化行为。

2. 组织要帮助公务员多渠道提升心理素质

要关注公务员心理问题，帮助公务员降低对心理问题的敏感度，引导干部高度重视心理问题，关注心理健康，不要讳疾忌医。要创新公务员的心理健康教育。如实行“线上＋线下”心理教育。借助互联网开设网络心理课程供干部自主学习，同时在线下举办经常性的文娱活动，缓解个体压力，缓解单位中的人际冲突。

要开展专业的心理咨询服务。一旦干部遭遇重大社会性事件、严重挫折，产生消极心理、负性情绪甚至心理障碍时，专业的心理咨询机构能够给予其及时专业指导，引导其积极接纳、正确看待、科学解决心理问题，使面临心理困扰的公务员能够得到有效的心理援助和支持。

（三）强迫症的自我防治

强迫症是指以强迫观念和强迫动作为主要表现的一种神经症。主观上感觉到有某种不可抗拒、不能自行克制的观念、情绪、意向及行为的存在。虽然患者认识到这些毫无意义，但又难以控制和克服，从而导致严重的内心冲突并伴有强烈的焦虑和恐惧。比如，反复洗手、强迫计数、总担心房门未锁好、总有些念头挥之不去等。强迫症一般起病缓慢，病程较长，症状可持续多年或时轻时重。病前性格特征明显、发病年龄较早和病程较长者，预后不佳；随年龄增长，症状逐步减轻，病前有较明显精神因素、强迫性性格特征不显著、病程较短、无阳性家族史者的症状也有可能自发缓解。强迫症的自我防治主要有以下方法。

1. 心理暗示

比如怀疑门没锁好，在第一次锁好门后，站在门前，心里反复告诫自己："我已经锁好门了，现在转身离开，没事！"如此反复念叨几遍，并坚持这样做下去，不用多久就会改正毛病。

2. 纸条提醒

在办公桌醒目位置贴一张纸条，上面写着"我已经做得很棒了！很好了！"提醒自己不要时时、处处、事事过于追求完美。

3. 自我统计

做一个统计表格，查看自己一天下来，在哪些方面会重复强迫行为，记录重复的次数，并给自己设立目标，要求自己逐渐减少强迫次数。

（四）社交恐怖症的自我防治

社交恐怖症是一种对任何社交或公开场合感到强烈恐惧或忧虑的精神疾病。患者在陌生人面前或可能被别人仔细观察的社交或表演场合，有一种显著且持久的恐惧，害怕自己的行为或紧张的表现会引起羞辱或难堪。有些患者对参加聚会、打电话、到商店购物或询问权威人士都感到困难。社交恐怖症是恐怖症中最常见的一种，约占恐怖症人群的一半比例。因此，下文将重点介绍社交恐怖症自我防治的方法。

1. 增强自信

从心理上去掉自卑感。若带着消极的心理，常常会使自己不愿多说话。要增强自信，从心理学角度来说，自信就是自我接纳。一个能完全接纳自己的人是非常自信的，反之，则自卑。

2. 克服害怕心理

社交恐怖症主要是由一种“怕”的心理引起，如怕见陌生人、怕难为情、怕表现自我等。这种病症是在多年的日常生活、工作、学习中形成的，因而防治就需要在长期的日常生活、工作、学习中，逐步培养对外界的适应能力，有意识地多接触周围的人和事。

3. 正常的举止

举止应尽量随和，不要过分注意自己的举止。正常的社交活动，并不带有什么神秘的色彩，只不过是人与人的交往与应酬。因此，过分注意自己社交中的言谈举止是多余的，随和、大方、自然，平时怎么说怎么做，社交中也如此，时间长了，进行社交也就习惯了。

4. 清爽的社交

清爽社交关系的营造既需要公务员的主动作为，也需要形成外部的有效约束。

一要形成对自我身份的清晰认知。公务员要时刻牢记权力来自人民，要正确行使权力，主动接受人民的监督。应该对自我职业身份有一个清晰的认知，消除身份特殊化的认知观念，明白怎么用权、什么事能干、什么事坚决不能干。

二要树立正确的利益观。正确利益观能够促使公务员规范自我利益的追求。从行政伦理的角度看，公务员个体利益是在公共利益得以保全和增进的前提下实现的。要深刻认识到手中的权力不是谋私利的工具，切忌以公权谋私利。要以客观、理性而不是携带私欲、主观、非理性的观念规范自己的行为选择。

三要善于沟通。公务员要在沟通中表明自己为官做事的价值取向，应学习和掌握必备技巧。要遵循公务礼仪。沟通之中遵循相应的公务礼仪，能够增强双方的信任和情感，更有利于公务员道出真情实感，表达利益诉求。要学会倾听。公务员既要倾听发言者的话语，也要观察其表情、动作和姿态；既要了解发言者讲话的表面信息，也要领悟深层含义，以防止有用信息流失造成彼此之间的认知偏差。

（五）抑郁症的自我防治

抑郁（depression）一词，最早产生于古拉丁文，原意为“下压”，是一种打破人类心理平衡最常见且严重的问题，是每个个体都会体验到的一种情绪，常伴有多种心理症状，如孤立无援、对现实产生绝望、有自杀念头、精神意志衰退、智力低下或焦虑躁动以及不同种类的身体症状和生理功能障碍（如睡眠质量极差）。抑郁可能是许多疾病的表现之一。

抑郁症，它被划入情绪精神障碍的领域，该疾病是心理和情感上产生了障碍，其特征是显著和持久的抑郁，如不及时治疗或干预，多数病例会反复发作，并可诱发心脏病、脑血管意外等疾病，严重的人可能会有自杀的想法和行为。在中国，疾病负担的第二大原因即是抑郁症，约占全部疾病负担的6.2%。

造成抑郁的因素相对比较复杂，参考大量的文献与相关研究发现，基因遗传、生物化学、神经与机体的内分泌功能受损、神经可塑性问题、社会环境对心理产生重大影响、人格、童年经历、身体素质、随意与过量服用精神性药物并且对其产生了依赖性、服用特定药物产生的副作用，都是造成抑郁症的原因。

目前，抑郁症已成为世界上15~44岁人群疾病负担的最重要原因。患有抑郁症的病患不仅饱受痛苦，家庭和其他人也会因此承受巨大负担。严重的情况下，它会导致家庭功能障碍。

世界上大多数抑郁症患者有自杀倾向，平均每分钟就有一个人试图自杀，半分钟就有一个人自杀成功。研究还证实，在所有自杀的人中，在死亡前至少患有一种精神疾病，其中抑郁症是主要原因。抑郁症已经成为中年人身心健康的一大障碍，如反应迟钝、认知障碍、易怒、身体不适等，都是中年人抑郁障碍的明显表现，但同时中年人又承担了极大的心理负担，抑郁症的自我防治主要有以下方法。

1. 坚持正常活动

有的患者本来可以正常上班、正常做家务，却不去做。这是非常有害的，越这样越感到自己没用。实际上患者有能力完成工作任务，有能力做好家务。只要该干的坚持干，患者的情绪就不会日益低落。

2. 及时肯定自己

每天晚上睡觉以前，要充分肯定自己这即将过去的一天的成绩和进步，不讲消极的话语。能写日记最好，把好的体验、进步、成绩记到日记上。天天都这样记日记，会觉得生活越来越有意思。

3. 定计划留有余地

每天晚上睡觉以前，考虑明天干什么。计划不能定得太高，也不要太低，充分留有余地，这样每天都可以顺利完成计划。这就是人们通常所说的“跳一跳就可以摘下果实来”。

4. 强化积极情绪

不向亲友谈消极的话语，亲友也不听患者消极的言谈。这并不是不同情患者，主要是亲友听患者谈消极的话语，会强化他们谈消极的话语。只要不断地强化自己的积极情绪，抑郁情况就会越来越少，甚至消失。

对于抑郁症，自己是最好的心理医生。严重的抑郁症患者只进行自我治疗是不够的，要注意及时就医治疗，心理调整和药物治疗必不可少，避免症状加重造成更大的影响和危害。

（六）精神病的早期识别

精神病是指严重的心理障碍，患者的认知情感、意志、动作行为等心理活动均可出现持久的明显的异常；不能正常地学习、工作、生活和日常交往；动作行为难以被一般人理解，显得古怪、与众不同；在病态心理的支配下，可出现自杀或攻击、伤害他人的动作行为；有程度不等的自制力缺陷，患者往往对自己的精神症状丧失判断力，认为自己的心理与行为是正常的，拒绝治疗。此类患者通常意识清晰，智能尚好，自然病程多迁延，呈反复加重或恶化。本病主要靠药物治疗，预后不良。

由于人们对精神疾病知识的缺乏，往往对精神病的早期病态思维和行为改变缺乏认识，以致病情发展到了很严重的程度，甚至出现行凶、自杀等行为时才意识到问题的严重性，从而贻误了最佳的治疗时机。精神病的早期表现及识别有如下几方面。

1. 性格改变

性格改变，这往往是许多精神病患者的早期症状之一。如原来活泼开朗、热情好客的人，变得沉默少语，孤僻独处，不与人交往；原来爱整洁的人变得不修边幅、不讲卫生；原来工作积极、遵守纪律的人变得自由散漫、工作拖拉、无故旷工，对批评满不在乎。凡此种种行为均应引起注意。

2. 情绪异常

情绪异常，表现为对周围环境的变化十分冷漠，对亲人冷淡不关心，与朋友疏远，对周围事情不感兴趣，常因一点小事发脾气或无缘无故地紧张、焦虑、害怕等。

3. 敏感多疑

有的早期精神病患者对周围人的言行特别敏感，觉得周围环境气氛发生了变化，人们的神情有些反常，认为什么事情都与自己有关或对自己不利。

4. 言行怪僻

行为逐渐变得怪僻难以理解，表现为：自言自语，常发呆、发愣，蒙头大睡或外出游荡；经常给他人写情书，虽遭对方明言拒绝，仍纠缠不休；怀疑自己患了绝症，经常去医院，虽经检查排除器质性疾病，但仍坚信自己患了癌症。根据以上情况，如果患者没有遭受不良生活事件的刺激，躯体及神经系统没有器质性损害等，应考虑他目前的症状是精神病的早期表现，应尽早到精神病专科医院就诊，以便早诊断、早治疗。

第三节　公务员心理健康水平提升的策略

一　建立健全公务员心理健康保障组织管理制度

（一）建立健全公务员权力制度体系

1. 优化权力科学配置体系

从权力结构来说，要实现权力的金字塔形结构，将公务员权力下放，对其拥有的决策权、执行权和监督权进行分解，分层设权，形成三者之间既相互制约又相互协调的权力结合体制机制，以实现三者之间的平衡。

从权力运行来说，要界定公务员权力边界，实现权责清晰、各司其职，以防止出现权力的僭越。要实现权力低位运行，改变公务员干预过多或缺少制衡的现象。比如对“高压”岗位的公务员进行权力的相对分离以防止出现有权恣意妄为的现象。

2. 优化权力规范运行体系

一是健全党风廉政建设法规制度，倡导廉洁自律的工作作风，营造风清气正的政治生态。

二是改革公务员权力过分集中的体制，实行“正职监管、副职分管”制度。

三是完善权力运行机制，使权力行使符合法定程序的要求。要落实政务公开制度，开列权力清单，让公务员的权力在阳光下行使。

3. 优化权力立体监控体系

一要内外监督同向发力。在权力体系内部，公务员要接受上级、同级和下级的制约监督；在权力体系外部，公务员要接受来自人民群众、社会团体和民主党派的监督。二要形成权力的层级监督。要将公务员的权力分解制衡，层级不同，权重也不同。严格落实层级之间的监督，将其纳入制度体系中，以便增强监督效力，及时发现问题、解决问题。三要整合多方监督力量。要将内部监督和外部监督结合起来，传统监督和新兴监督方式并用，各种监督力量协同推进，形成有效的监督合力。

（二）建立以心理健康知识宣传、教育与专项培训为核心的组织制度

通过心理健康知识的宣传、教育和专项培训，加强公务员对心理健康的重视程度，促进其心理健康水平的提高。在各个系统开展系列化专题式心理健康知识宣传活动，呼吁公务员关注自身精神健康，积极预防不良心理状态带来的行为问题，同时端正态度正确对待各种精神与心理问题，一旦出现心理问题，务必求助心理支持，寻求专业心理咨询服务，建立自我精神健康意识，形成公务员重视心理健康、心理支持全面化的氛围。

（三）建立一套公务员心理健康状况跟踪调查常态化体系

组织各个部门建立公务员个体心理健康档案，实时跟踪和掌握公务员心理健康状况及行为特征。通过对公务员压力源的分析，有大部分的公务员承受着来自工作方面的巨大压力，承受晋升与考核方面的压力、各种人际关系的压力、对自我的要求与道德上的压力。

针对由于工作压力大可能出现心理问题的公务员采取常态化心理访谈与心理辅导的方式进行干预；对于已经出现心理问题的公务员依据其心理健康档案，及时提供专业的心理援助服务，缓解其心理问题。同时将公务员的心理预警与疏导工作当成常态化的工作，建立较为完善的心理预警与疏导机制，实时关注公务员心理健康情况，真正提供全方位的心理健康服务。

（四）为不同程度心理问题的单位公务员提供专业有效的心理援助

依据前期的心理健康测评情况将各个部门划分为一般性心理问题单位与心理问题比较严重的单位，采取有针对性的心理援助服务。

①针对一般性心理问题的单位要普及心理健康常识，开通心理热线咨询，定期进行心理健康测试筛查，及早发现公务员心理问题，提供适宜的心理健康服务。

②组织有助心理健康的活动，比如开展趣味性团建活动，设计有趣的心理小游戏，借助良好的行政组织文化活动普及心理健康常识，使公务员在轻松愉悦的团建活动中感知党组织的关爱，有助于公务员保持积极向上、稳定乐观的情绪，减轻其职业心理压力，永葆工作热情与积极性，在潜移默化中学习掌握心理健康常识，建立良好的心理健康理念。

对于心理问题比较严重的单位，如S市人民检察院，采用重点援助与干预的方法，组建一支专业化程度较高的心理咨询帮扶团队，结合其单位领导干部心理问题情况，提供有针对性的心理咨询与转介服务，深度进行心理健康知识宣传，提供物质与精神方面的支持，在尊重隐私前提下让心理健康问题严重的领导干部感受到关怀。

（五）从组织制度层面建立公务员心理危机干预机制

成立公务员心理健康服务中心，该团队结合不同部门实际情况定期开展心理专题讲座、线上心理健康热线交流、心连心援助热线咨询、情绪管理课程等形式多样、线上线下的各项心理健康服务活动。

公务员心理健康服务中心经常聘请专业心理人士为系统内公务员提供心理方面的诊断、评估、指导、咨询与培训等服务项目，为领导干部在处理各种压力与应激反应、不良情绪、家庭与婚姻冲突、社交恐惧、身心亚健康等方面进行心理疏导。

公务员心理健康服务中心致力于心理健康检查，在充分尊重个体隐私的基础上对其病情严格保密，针对存在心理问题的公务员进行心理检查，制定个体心理健康辅导计划，有效开展心理辅导。对于经历突发性危机事件或者心理创伤、心理障碍严重的领导干部，成立心理治疗小组，邀请行业内心理专家会诊后制定心理治疗方案，及时进行心理干预，做到有效控制、心理疏导与干预。一些出现明显强迫症、躯体化、抑郁、焦虑、敌对、偏执等症状的公务员，要调整工作部门，改变工作状态，防止心理问题严重化，公务员心理健康服务中心会派专人进行心理测量，进而采取专业手段进行心理调适与治疗。

（六）建立公务员心理测试与心理考察的测评选拔系统

解决公务员心理健康问题的关键是制定科学的政府职务晋升制度与人才选拔机制。科学合理的、制度完善的公务员考核制度，让每位公务员有平等的升迁机会，只有公平公正的晋升制度才能让德才兼备的公务员脱颖而出，健康的工作环境能减轻工作压力，有助于公务员职业理想的实现，有利于其心理素质的提升。

在当前完善的公务员考试制度基础上，将心理测评列为人才选拔考核的重要内容，在人才选拔时引入心理测评机制，选择心理素质好、职业技能强的人才加入队伍中，并根据心理健康状况合理分配工作岗位。逐步将领导干部心理测试与心理考察的测评选拔系统运用于提拔厅级、副厅级领导干部工作中，推动了人事管理制度的改革，在一定程度上推广了心理测评技术，同时也增强了对公务员心理健康问题的重视程度，对心理健康保障体系的建立具有创新性、突破性的意义与价值。

二　构建系统化公务员心理健康教育培训体系

（一）发挥党校系统化培训作用

党校作为培训、轮训广大干部的主渠道，具有提供心理服务的平台优势，党校的心理健康教育培训也是广大干部心理服务体系建设的重要组成部分。结合公务员心理健康情况与培训需求，在公务员心理健康教育培训方面发挥其独特优势，构建系统化的公务员心理健康教育培训体系，提供专业的心理健康服务。

（二）打造具有特色的专项公务员心理健康培训课程体系

致力于建立个性化、科学化、多样化、内容丰富的专项心理健康培训课程，如基于领导干部的心理测评情况开发具有鲜明特色的、针对性强的专项心理健康培训课程。通过对公务员进行科学的心理测评，全面系统地了解公务员的心理健康并将心理测评结果作为开发特色的专项公务员心理健康培训课程的参考依据。根据公务员的心理健康理念设计常识性心理科普课程，普及心理健康的概念、重要性、基本的心理问题识别方法以及简单实用的心理压力疏导方法。探究设计提升公务员心理健康水平的综合类心理培训课程，将常规化公务员心理健康培训、理想信念教育、党性锻炼与党员德育有机结合，开展的培训课程有从政道德心理、工作抗压训练等，构建领导干部健康心态与政治心态和谐发展的心理健康培训体系。根据心理测评情况，设置心理调适类、心理压力释放方法等课程，结合机关工委系统不同部门工作特点，有针对性地开设沟通技巧、团队构建、激励机制、危机公关处理与职业压力调适等方面课程，为公务员提供科学的心理调适方法，助力其心理健康发展。

有特色的专项领导干部心理健康培训课程设计坚持以实际问题为导向，结合不同部门公务员工作差异性，根据其所需心理服务的差异化需求，聚焦其关注的热点问题，依据重大社会事件中问题产生背景，寻求领导干部心理健康培训与业务技能培训的契合点。

（三）重视女性公务员的心理健康

结合公务员的年龄、性别与岗位，有计划、有步骤地实施心理健康培训活动。比如关注女性公务员的心理健康问题。女性公务员面临着繁重的工作压力与艰巨的家庭责任，同时女性由于生理原因更容易有情绪方面的问题，极易出现焦虑、抑郁等心理问题，可以联系当地妇联、共青团等组织为女性公务员开展以缓解工作与生活双重压力、不良情绪为主题的形式多样、内容丰富的女性专题心理健康活动，比如在“三八”妇女节开展“科学减压，关爱自我”的主题活动，邀请心理专家针对女性公务员开展心理健康知识讲座，用生动的案例引导女性公务员树立科学正确的心理健康理念，关注自身心理状况，掌握缓解工作、家庭双重压力的方式与技巧，做幸福生活的奋斗者。这样的主题活动在很大程度上能缓解女性领导干部的心理压力，有助于女性公务员心理健康发展。

（四）开展常态化心理专题辅导

通过问卷调查、实地走访与面对面座谈等形式加强基层公务员心理健康情况调研工作，开展常态化心理专题辅导，将心理方面问题的答疑解惑纳入心理健康培训的各环节。工作在一线的公务员，更容易因工作压力引起焦虑、紧张、抑郁等心理问题，我们应给予更多心理关怀，只有进行实地调查后才能为其提供适宜的、专业的心理健康培训，真正起到心理健康培训的关键性作用。采取因人施教的心理健康培训模式，根据不同级别、不同岗位、不同地区公务员心理情况设计不同类型、程度的心理健康培训内容，差异化的心理健康培训项目能最大限度满足公务员的培训需求，为实现良好的培训效果提供前提与保障。

（五）建立切实可行的公务员谈心谈话制度

要开展各种常态性谈心谈话活动，发现公务员出现思想波动时必须谈心谈话；当公务员工作过程中出现推进不力甚至出现工作失误时必须谈心谈话；一些公务员被反映有问题、受到处分时必须深度谈心谈话；公务员在学习、生活、工作中遇到较大困难时必须深度谈心谈话；公务员个人岗位进行调整时必须深度谈心谈话；工作在重点单位、岗位的公务员必须深度谈心谈话；公务员主动约谈的必须深度谈心谈话。公务员谈心谈话是党的组织生活的重要形式，谈话谈心过程中坚持开诚布公、与人为善，可进行多样化谈话形式，彼此敞开心扉，有话当面讲，客观看待存在的问题与事实，相互交流彼此的工作、生活状态，真正实现心理上沟通、理解，达到谈话谈心的目的；了解公务员的心理状态，及时发现其心理问题，早预防、早发现、早治疗、早痊愈。

（六）探索特色化的公务员心理健康培训

结合特色化公务员心理健康培训进行心理服务新模式的探索，依据心理健康教育培训侧重于实践操作的特点，提供多样性的心理健康教育自主学习与自助服务线下线上平台。线下心理服务平台有多种形式的心理沙龙、敞开心扉的心理吐槽大会、音乐 SPA、心理体验馆等，同时在公务员工作场所及宿舍、图书馆等地方投放心理健康方面的书籍及资料，提供触手可及的心理自助服务；在实践中建立丰富的心理健康培训模式，利用多种学习资源环境增设多样化的心理自助服务。线上心理服务平台主要在网络学习平台上提供各种类型的心理健康课程，公务员可根据自身心理需求选择课程进行自主学习；并与相关软件开发平台合作，开发适合领导干部解压、舒缓情绪的游戏 App，为其提供心理放松解压服务，释放负面情绪与压力，从而减轻其心理健康方面的问题。

三　改进公务员外强中干的心理意识

（一）强心志——克服心理障碍

第一，克服技不如人的自卑心。本领弱、技能低会使公务员产生自卑心理。因此，可通过让公务员沉入基层多磨炼以消除焦虑、培育耐性；通过加强党性学习，开展批评与自我批评、纠错与改错等活动来增强其接受能力；通过深化基层公务员的心理教育，增强其兼容能力、适应能力。

第二，克服人不及我的虚荣心。爱面子、摆架子是外强中干型公务员的通病，可通过强化基层监督力度、提高基层监督意识来监管公务员不务实、不踏实的工作行为；通过制定公开性、透明化的措施来及时惩治公务员的不作为、乱作为；通过强化正向案例教育、正面行为引导，纠改领导干部的虚荣心、面子主义。

第三，克服中饱私囊的功利心。不能摆正工作心态、端正工作态度是外强中干型公务员产生功利心的重要因素，可通过建立“以优带庸、以强带弱”的教育机制，让有德望、有威信的老一辈干部对广大干部进行言传身教，以正其志、平其心。

（二）正思想——端正价值观念

公务员要克服外强中干的性格弱势，还需要不断强化思想深度、提升思维高度、端正工作态度；不以“示强”装面子，甘以“示弱”做实事。

第一，信守公平正义的为官准则。公平正义是公务员办事的第一准则，不畏强权、不欺弱小，敢于同强势力、黑势力、恶势力做斗争是领导干部“一日为官，终身为民”的要义，公务员应在任务行动前多想一想、问一问工作为谁而做、正义为谁而立，以此唤醒做官为民的初心。

第二，树牢服务于民的为官宗旨。国家的发展离不开人民的支持和拥护，领导干部应树立“俯首甘为孺子牛”的为官意识，将“给人民服好务、把人民服务好”作为一切行动的出发点和落脚点，切实把基层工作做好、做实。

第三，端正求真务实的为官态度。实践出真知，公务员只有踏踏实实把工作做好，才能从实践中获得丰富的经验，进而充实自身阅历、增强自身实力，如此一来，通过知行合一，便可去除外强中干的负面标签。

（三）提实力——提高作战能力

消除外强中干弊病还需重点培育公务员的实战能力。

第一，塑造“敢于作战”的精神面貌。在单位中，公务员应牢固树立敢于当先、敢于出头的作战意识，要充分发挥榜样、标杆作用，切实用真实力、真本领面对困难、解决难题，以此丰富经验、提高干劲，消除能力弱势，增强能力自信。

第二，打造“能够作战”的实力姿态。实力是支撑公务员履职尽责的基础，公务员应不断学习新知识、新技能，切实提高领导力、决策力，不断丰富新经验、新技巧，以此来壮心智、强意志。

第三，铸就“善于作战”的干将状态。公务员除具备强势应战的能力以外，还应拥有主动出击的能力，通过审时度势、深察实情，有针对性、有策略地为单位发展谋篇布局、出谋划策，力争用缜密的思维、博学的才智让单位发展保持稳健、顺应潮流。

（四）养品性——提升工作素养

消除公务员外强中干的性格弱点，还需要公务员养成“示弱自强”的工作作风，在工作中做到“三接地气”。

第一，说话方式“接地气”。在决策执行中，领导的言辞只有被下级充分理解才能更好地落实，规划的任务只有被下级全面领会才能更好地执行，因此，无论在单位中还是生活中，公务员都应坚决规避打官腔，应善用俗话下令、善用简单话语交流。

第二，办事形式“接地气”。公务员办事的目的不是彰显自身能力的高超，而是切切实实为百姓解决问题，真正为民众创造效益，应重视实际效果而不是过程，应注重整体效益而不是个体的丰功伟绩。

第三，实践锻炼“接地气”。公务员实践锻炼的本质目的在于自身实力与技能的提升，倘若广大干部不能正视实践的目的，仅以“走过场”的形式草草了事，便完全丧失了锻炼的意义。因此，公务员应注重实践锻炼的有效性、高效性，坚决抵制偷懒、耍滑、投机取巧等行为，树立把基础打牢固、能力铸扎实的奋斗目标。

四　提升公务员健康心理理念与心理调适能力

（一）树立正确的心理保健意识与理念

公务员在提高职业能力的同时要充分认识到心理健康的重要性，树立正确的心理保健意识与理念。因此，要积极开展普及心理健康知识与心理调适方面的各项活动，引导公务员正确认识心理问题，避免心理问题，摒弃对心理问题的偏见，勇敢正视自身心理问题，积极进行有效的自我调适，必要时寻求组织上的心理援助，运用正确的方法治疗心理问题。

公务员要增强客观自我认知能力，理性看待自身优势与不足，形成正确的自我认知，这样才能悦纳自我，避免过高或过低的自我评价，有利于减轻自我认知不当带来的不必要的心理压力。树立健康的心理理念有助于公务员提高工作效能与改革创新能力，开展“积极向上、阳光心态”的心理健康主题活动，引导公务员用积极向上、稳定饱满的精神状态对待工作与生活。

公务员在面临工作与生活双重压力时，难免会情绪波动，尤其是遇到重大突发事件，更容易感到身心俱疲、烦躁焦虑，这时理性、冷静、平和的心理状态有助于理智面对紧急、复杂情况，做出正确的判断，沉着冷静处理好各种事件。每个公务员的心理反应与心理素质都存在差异，这与其成长的家庭环境、个体心理状态、学习情况与个体境遇等息息相关。

要致力于提升公务员的心理调适能力方法的掌握，关注其工作与生活环境的变化，重视其身心健康情况，引导公务员关爱自身心理健康，保持积极向上、阳光的心理状态，一旦出现消极情绪，帮助他们合理适宜地进行心理宣泄、客观正确地看待个人成败得失，保持乐观健康的心态。对于存在心理问题的公务员，要为其提供社会支持与援助，安排专业的心理咨询师对其进行心理疏导与干预。

（二）引导公务员平衡社会角色与家庭角色

公务员扮演不同的社会角色，在工作中他们不仅是管理者还是执行者，家庭生活中他们既是家长也是子女，双重角色致使其承担与肩负着多种压力责任，他们希望兼顾好工作与生活，但是往往事与愿违，工作与家庭压力的交织使其身心俱疲，这样就容易出现心理问题。因此，公务员应懂得“鱼与熊掌不能兼得”的道理，根据具体情况进行权衡与倾斜，进而减轻压力，预防心理问题出现。

对公务员来说，工作和家庭并不对立，二者是相互促进的关系。相互依赖理论认为，家庭成员之间的亲密关系对个体会产生极大的影响，公务员需要家庭的支持。因此，要合理分配时间，平衡工作和家庭的关系，不能顾此失彼，忽略对家庭的情感投入。

当然，情感的投入不是无原则、无限度的。公务员还应把握适度原则，以避免一味满足家庭而忽视工作，甚至导致违法违纪情况的发生。要注重对家庭成员的责任教育、道德观教育、家庭美德教育、纪律规矩教育、权力观教育和廉政教育，引导家人树立正确思想，重视言传身教。

要重视家风。公务员要经常性地检查整顿家风，坚持家风建设内部用力、外部强化的原则。一方面，公务员要主动传承优良家风，严立家规、从严治家，约束家庭成员行为。在家庭内部开展形式多样的活动，营造廉洁自律的家庭氛围。另一方面，要完善家风建设标准，根据实际明确家风建设的内容、要求等，并将家风建设纳入干部考核评价体系。多方协作、共同发力，将家风建设真正落到实处。

（三）培养高雅的情操与生活情趣

高雅的情操与生活情趣能进一步丰富公务员对生命的感知体验，培养领导干部高雅的情操与生活情趣能够减轻其工作、生活带来的压力，舒缓不良情绪，陶冶高尚情操，缓解公务员心理健康问题。

（四）提高公务员心理调适能力

要通过塑造良好的行政组织文化、建设和谐工作环境等措施提高公务员心理调适能力。行政组织文化制约和影响着行政组织的结构、运转程序、决策过程以及行政人员的行为、作风、态度、价值观等。良好、健康、文明的行政组织文化有利于促进领导干部积极向上、乐观阳光心理状态的形成。

致力于建设良好的行政组织文化，推进以民主、公开、公平、公正的竞争制度与考核制度为核心的人事制度改革，健全完善公务员聘任制度，制定保障、鼓励与提升公务员工作积极性的培养、选聘的有效策略和措施，全力打造人际关系和谐、工作氛围环境良好的关爱公务员心理健康的行政组织文化，使系统内公务员以饱满的工作热情与良好的精神状态投入各项工作中，提高其工作积极性与主动性；发挥健康文明行政组织文化的导向、协调、凝聚与激励作用，最大程度上挖掘、发挥公务员潜能，实现各种行政资源的最佳配置使用，减轻公务员群体的职业心理压力，使各级公务员带着主观的职业幸福感投入各项工作之中。

附录 “症状自评量表 SCL－90”及结果运用

“症状自评量表 SCL－90”是世界上最著名的心理健康测试量表之一，是当前使用最为广泛的精神障碍和心理疾病门诊检查量表，将协助您从十个方面来了解自己的心理健康程度。本测验适用对象为 16 岁以上的人群。

90 项症状清单（Symptom Checklist 90，SCL－90），又名症状自评量表（Self－reporting Inventory），有时也叫作 Hopkin's 症状清单（HSCL，编制年份早于 SCL－90，作者为同一人，HCSL 最早版编于 1954 年）。SCL－90 于 1975 年编制，其作者是德若伽提斯（L. R. Derogatis）。该量表共有 90 个项目，包含较广泛的精神病症状学内容，从感觉、情感、思维、意识、行为到生活习惯、人际关系、饮食睡眠等，均有涉及，并采用 10 个因子分别反映 10 个方面的心理症状。

①躯体化：包括 1，4，12，27，40，42，48，49，52，53，56 和 58 项目，共 12 项。该因子主要反映个体主观的身体不适感。

②强迫症状：包括 3，9，10，28，38，45，46，51，55 和 65 项目，共 10 项，反映临床上个体的强迫症状群。

③人际关系敏感：包括 6，21，34，36，37，41，61，69 和 73 项目，共 9 项。主要指某些个体存在不自在感和自卑感，尤其是在与其他人相处时更突出。

④抑郁：包括 5，14，15，20，22，26，29，30，31，32，54，71 和 79 项目，共 13 项。反映与临床上抑郁症状群相联系的广泛的概念。

⑤焦虑：包括2，17，23，33，39，57，72，78，80和86项目，共10个项目，指在临床上具有与焦虑症状群相联系的明显精神症状及体验。

⑥敌对：包括11，24，63，67，74和81项目，共6项。主要从思维、情感及行为三方面来反映病人的敌对表现。

⑦恐惧：包括13，25，47，50，70，75和82项目，共7项。它与传统的恐怖状态或广场恐怖所反映的内容基本一致。

⑧偏执：包括8，18，43，68，76和83项目，共6项。主要是指猜疑和关系妄想等。

⑨精神病性：包括7，16，35，62，77，84，85，87，88和90项目，共10项。其中包括幻听、思维发散、被洞悉感等反映精神分裂样症状。

⑩19，44，59，60，64，66及89项目共7个项目，未能归入上述因子，它们主要反映个体睡眠及饮食情况。我们在有些资料分析中，将之归为因子10“其他”。

一　“症状自评量表SCL－90”

1－从无、2－很轻、3－中等、4－偏重、5－严重		
序号	问题	选项
1	头痛	
2	神经过敏，心中不踏实	
3	头脑中有不必要的想法或字句盘旋	
4	头晕和昏倒	
5	对异性的兴趣减退	
6	对旁人求全责备	
7	感到别人能控制您的思想	
8	责怪别人制造麻烦	
9	忘记性大	
10	担心自己的衣饰整齐及仪态的端正	
11	容易烦恼和激动	

续表

1－从无、2－很轻、3－中等、4－偏重、5－严重		
序号	问题	选项
12	胸痛	
13	害怕空旷的场所或街道	
14	感到自己的精力下降，活动减慢	
15	想结束自己的生命	
16	听到旁人听不到的声音	
17	发抖	
18	感到大多数人不可信任	
19	胃口不好	
20	容易哭泣	
21	同异性相处时感到害羞不自在	
22	感到受骗、中了圈套或有人想抓住您	
23	无缘无故地突然感到害怕	
24	自己不能控制地发脾气	
25	怕单独出门	
26	经常责怪自己	
27	腰痛	
28	感到难以完成任务	
29	感到孤独	
30	感到苦闷	
31	过分担忧	
32	对事物不感兴趣	
33	感到害怕	
34	我的感情容易受到伤害	
35	旁人能知道您的私下想法	
36	感到别人不理解您不同情您	
37	感到人们对您不友好，不喜欢您	
38	做事必须做得很慢以保证做得正确	
39	心跳得很厉害	
40	恶心或胃部不舒服	

续表

1－从无、2－很轻、3－中等、4－偏重、5－严重		
序号	问题	选项
41	感到比不上他人	
42	肌肉酸痛	
43	感到有人在监视您谈论您	
44	难以入睡	
45	做事必须反复检查	
46	难以做出决定	
47	怕乘电车、公共汽车、地铁或火车	
48	呼吸有困难	
49	一阵阵发冷或发热	
50	因为感到害怕而避开某些东西、场合或活动	
51	脑子变空了	
52	身体发麻或刺痛	
53	喉咙有梗塞感	
54	感到没有前途没有希望	
55	不能集中注意力	
56	感到身体的某一部分软弱无力	
57	感到紧张或容易紧张	
58	感到手或脚发重	
59	想到死亡的事	
60	吃得太多	
61	当别人看着您或谈论您时感到不自在	
62	有一些不属于您自己的想法	
63	有想打人或伤害他人的冲动	
64	醒得太早	
65	必须反复洗手、点数目或触摸某些东西	
66	睡得不稳不深	
67	有想摔坏或破坏东西的冲动	
68	有一些别人没有的想法或念头	
69	感到对别人神经过敏	

续表

1－从无、2－很轻、3－中等、4－偏重、5－严重		
序号	问题	选项
70	在商店或电影院等人多的地方感到不自在	
71	感到任何事情都很困难	
72	一阵阵恐惧或惊恐	
73	感到在公共场合吃东西很不舒服	
74	经常与人争论	
75	单独一人时神经很紧张	
76	别人对您的成绩没有做出恰当的评价	
77	即使和别人在一起也感到孤单	
78	感到坐立不安心神不定	
79	感到自己没有什么价值	
80	感到熟悉的东西变成陌生或不像是真的	
81	大叫或摔东西	
82	害怕会在公共场合昏倒	
83	感到别人想占您的便宜	
84	为一些有关“性”的想法而很苦恼	
85	您认为因为自己的过错而应该受到惩罚	
86	感到要赶快把事情做完	
87	感到自己的身体有严重问题	
88	从未感到和其他人很亲近	
89	感到自己有罪	
90	感到自己的脑子有毛病	

二 结果运用

（一）测验记分

SCL－90 的统计指标主要为两项，即总分和因子分。

1. 总分项目

①总分：90 个项目单项分相加之和，能反映其病情严重程度。

②总均分：总分/90，表示从总体情况看，受检者的自我感觉位于 1～5 级分值程度上。

③阳性项目数：单项分≥2 的项目数，表示受检者在多个项目上呈现“病状”。

④阴性项目数：单项分 =1 的项目数，表示受检者“无症状”的项目数。

⑤阳性症状均分：（总分－阴性项目数）/阳性项目数，表示受检者在“有症状”项目中的平均得分。反映受检者自我感觉不佳的项目，其严重程度究竟处于哪个范围。

2. 因子分

因子分共包括 10 个因子，即所有 90 个项目分为 10 大类。每一因子反映受检者某一方面的情况，因而通过因子分可以了解受检者的症状分布特点，并可作廓图（Profile）分析。

（二）得分结果基本解释

量表作者未提出分界值，按全国常模结果，总分超过 160 分，或阳性项目数超过 43 项，或任一因子分超过 2 分，需考虑筛选阳性，进一步检查。

（三）得分症状详解

1. 总症状指数

总症状指数，是指总的来看，被试的自我症状评价位于“没有”到“严重”的哪一个水平。总症状指数的分数在 1～1.5 分之间，表明被试自我感觉没有量表中所列的症状；在 1.5～2.5 分之间，表明被试感觉有点症状，但发生得并不频繁；在 2.5～3.5 分之间，表明被试感觉有症状，其症状程度为轻度到中度；在 3.5～4.5 分之间，表明被试感觉有症状，其症状程度为中度到严重；在 4.5～5 分之间，表明被试感觉症状明显，且症状的发生频度和强度都十分严重。

2. 阳性项目数

阴性项目数，是指被评为 2～5 分的项目数，它表示被试在多个项目中感到“有症状”。

3. 阴性项目数

阳性项目数，是指被评为 1 分的项目数，它表示被试“无症状”的项目数。

4. 阳性症状均分

阳性症状均分，是指个体自我感觉不佳的项目的程度究竟处于哪个水平。其意义与总症状指数相同。

5. 因子分

SCL－90 包括 10 个因子，每一个因子反映出个体某方面的症状，通过因子分可了解症状分布特点。因子分等于组成某一因子的各项总分与组成某一因子的项目数。当个体在某一因子的得分大于 2 时，即超出正常均分，则个体在该方面就很有可能有心理健康问题。

（1）躯体化

躯体化，主要反映身体不适感，包括心血管、胃肠道、呼吸等其他系统的不适和头痛、背痛、肌肉酸痛，以及焦虑等躯体不适表现。

该分量表的得分在 12～60 分之间。得分在 36 分以上，表明个体在身体上有较明显的不适感，并常伴有头痛、肌肉酸痛等症状。得分在 24 分以下，躯体症状表现不明显。总的说来，得分越高，躯体的不适感越强；得分越低，躯体症状体验越不明显。

（2）强迫症状

强迫症状，主要指那些明知没有必要但又无法摆脱的无意义的思想、冲动和行为，还有一些比较一般的认知障碍行为征象也在这一因子中有所反映。

该分量表的得分在 10～50 分之间。得分在 30 分以上，说明个体强迫症状较明显。得分在 20 分以下，表明个体强迫症状不明显。总的说来，得分越高，表明个体越无法摆脱一些无意义的行为、思想和冲动，并可能表现出一些认知障碍的行为征象；得分越低，表明个体在此种症状上表现不明显，没有出现强迫行为。

(3) 人际关系敏感

人际关系敏感，主要是指处理人际关系的不自在与自卑感，特别是与其他人相处时更加突出。在人际交往中具有自卑感，心神不宁，表现出明显的不自在状态，以及人际交流中的不良自我暗示，消极的期待等是这方面症状的典型表现。

该分量表的得分在 9～45 分之间。得分在 27 分以上，表明个体对人际关系较为敏感，人际交往中自卑感较强，并伴有行为症状（如坐立不安、退缩等）。得分在 18 分以下，表明个体在人际关系上较为正常。总的说来，得分越高，说明个体在人际交往中表现的问题就越多，自卑，心神不宁，并且已表现出消极的期待。得分越低，表明个体在人际关系上能应付自如，人际交往自然、胸有成竹，并抱有积极的期待。

(4) 抑郁

抑郁，以苦闷的情感与心境为代表性症状，具有生活兴趣减退、动力缺乏、活力丧失等特征。还表现出失望、悲观以及与抑郁相联系的认知和躯体方面的感受，甚至还包括有关死亡的思想和自杀观念。

该分量表的得分在 13～65 分之间。得分在 39 分以上，表明个体的抑郁程度较深，对生活缺乏足够的兴趣，缺乏运动活力，在极端情况下，可能会有死亡的思想和自杀的观念。得分在 26 分以下，表明个体抑郁程度低，生活态度乐观积极，充满活力，心境愉快。总的说来，得分越高，抑郁程度越明显；得分越低，抑郁程度越不明显。

(5) 焦虑

焦虑，一般指那些烦躁，坐立不安，神经过敏，紧张以及由此产生的躯体征象，如震颤等。

该分量表的得分在 10～50 分之间。得分在 30 分以上，表明个体较易焦虑，易表现出烦躁、坐立不安和神经过敏，极端时可能导致惊恐发作。得分在 20 分以下，表明个体不易焦虑，表现出安定的状态。总的说来，得分越高，说明个体焦虑症状越明显；得分越低，说明个体越不会焦虑。

（6）敌对

主要从三方面来反映敌对的表现：思想、感情及行为。其项目包括厌烦的感觉、摔物、争论直到不可控制的脾气暴发等各方面。

该分量表的得分在6～30分之间。得分在18分以上，表明个体易表现出敌对的思想、情感和行为。得分在12分以下，表明个体容易表现出友好的思想、情感和行为。总的说来，得分越高，表明个体越容易敌对，好争论，脾气难以控制。得分越低，表明个体的脾气越温和，待人友好，不喜欢争论、无破坏行为。

（7）恐惧

恐惧的对象包括出门旅行，空旷场地，人群或公共场所和交通工具。此外，还有社交恐惧。

该分量表的得分在7～35分之间。得分在21分以上，表明个体恐怖症状较为明显，常表现出社交、广场和人群恐惧。得分在14分以下，表明个体的恐怖症状不明显。总的说来，得分越高，表明个体越容易对一些场所和物体产生恐惧，并伴有明显的躯体症状；得分越低，表明个体越不易产生恐怖心理，能正常地进行社会交往和活动。

（8）偏执

偏执，主要指发散性思维、敌对、猜疑、妄想、被动体验和夸大问题等。

该分量表的得分在6～30分之间。得分在18分以上，表明个体的偏执症状明显，较易猜疑和敌对；得分在12分以下，表明个体的偏执症状不明显。总的说来，得分越高，表明个体越易偏执，表现出发散性的思维和妄想；得分越低，表明个体思维越不易走极端。

（9）精神病性

反映各式各样的急性症状和行为，即限定不严的精神病性过程的症状表现。

该分量表的得分在10～50分之间。得分在30分以上，表明个体的精神病性症状较为明显。得分在20分以下，表明个体的精神病性症状不明显。总的说来，得分越高，越多地表现出精神病性症状和行为；得分越低，就越少表现出这些症状和行为。

（10）其他项目（睡眠、饮食等）

将附加项目或其他，作为第10个因子来处理，以便使各因子分之和等于总分。

（四）注意事项

1. 参考常模的应用

这里仅仅是对测验结果的简单解释，要进一步了解测验结果的意义就必须将测验分数与常模相对照，以发现被试在各分量表的得分与一般水平的差异有多大。这样才能准确确定被试成绩的意义。对于本量表而言，被试各分量表的分数的分级原则为：①平均值上或下各一个标准差以内的为“中等水平的症状表现”；②平均值上或下两个标准差以内的为“较高或较低水平的症状表现”；③平均值上或下超过两个标准差的为“高或低水平的症状表现”。因此，从表面上看被试的得分是不能够作为衡量标准的，还要看其在同一群体中所处的水平，才能确定其症状表现的真实程度。比如在某些分量表上被试的得分虽然比较高，但是如果在常模中该分量表的平均分也比较高，计算后发现被试的得分没有超过一个标准差，那么就表明该被试在该方面的症状表现也只是一个中等水平而已，不必过于担心。

2. 建议

心理健康症状自评量表包含了广泛的精神病症状学内容，如思维、情感、人际关系和生活习惯等。

该量表从10个方面，从身心症状表现的角度考察了个体的心理健康水平，如果个体在某些症状上的得分高，感觉到某些症状产生的频度和强度都比较严重，就应该注意该个体在这个方面的问题。由于自评量表是测量个体在一段时间内感觉到的症状，所以在量表分数的解释上应该慎重，并不是得分高就一定说明个体出现了很严重的心理问题，某些分量表上的得分较高有可能只是个体当时遇到了一些难题，如失恋、面临考试、生病等，因此，还应该对该个体得分高的原因做进一步的了解。

如果个体在多个维度上自觉这些症状较为严重，应该加强心理健康的教育，严重时应该到比较权威的心理咨询机构和治疗机构进行进一步的检查和诊断。

3. 其他

一是自评量表在躁狂症或精神分裂症患者组中的应用受到了一定限制——量表项目全面性不够，缺乏“情绪高涨”“思维飘忽”等项目。

二是只是进行心理症状初步测量，并不能说一定有心理疾病。要做出诊断，必须进行面谈并参照相应疾病的诊断标准。

参考文献

毕红艳、赵倩：《积极心理健康教育》，河南科学技术出版社，2018。

陈春生、李彦青：《新时代干部素质与能力研究》，河北人民出版社，2018。

单松：《领导干部心理健康问题成因及对策探析》，《中共太原市委党校学报》2018 年第 6 期。

杜三宝：《基层干部心理健康与心理调适》，甘肃文化出版社，2017。

高敬：《干部科学减压与情绪管理读本》，人民出版社，2012。

郭爱玲：《领导干部心理健康的影响因素分析》，《新西部》2017 年第 27 期。

何丽：《领导干部心理健康教育培育体系建设之探讨》，《创意城市学刊》2021 年第 1 期。

侯树栋：《领导科学与科学领导》，中国经济出版社，2010。

胡月星：《领导干部心理健康与心态调适》，《云岭先锋》2019 年第 4 期。

胡月星：《领导心理》，研究出版社，2017。

胡月星：《推进领导干部心理健康服务体系建设的着力点》，《领导科学》2020 年第 11 期。

黄小梅：《新时期领导干部心理健康教育的实践探索》，《心理月刊》2020 年第 5 期。

霍团英：《领导干部心理健康问题研究》，浙江大学出版社，2015。

李鸿、李秀艳：《领导干部心理困境成因分析及应对策略》，《吕梁学院学报》2019 年第 6 期。

李健：《卓越领导者必修的心理课》，中国商业出版社，2013。

刘克梁：《新时代领导干部心理健康问题分析》，《心理月刊》2018 年第 8 期。

刘忠昌：《与领导干部谈修身》，河北人民出版社，2017。

孟万金等：《积极心理健康教育在中国》，教育科学出版社，2017。

牛陇安：《领导干部对员工的心理干预模式探析》，《领导科学》2018 年第 2 期。

石长地：《心理健康和心理调适》，国家行政学院出版社，2011。

石长地：《与官员谈心理健康与心理调适》，国家行政学院出版社，2010。

石磊：《干部心理健康调适与自测实用手册》，东方出版社，2016。

唐坚：《新时代领导干部心理健康与自我调适的思考》，《时代报告》2019 年第 9 期。

王登峰：《党政领导干部个人素质与心理健康》，西泠印社出版社，2010。

王顺、郭爱玲：《领导干部心理健康测度指标体系建设》，《法制博览》2019 年第 29 期。

晓山：《新时代高素质党员干部修养》，东方出版社，2020。

邢占军、曲夏夏：《与领导干部谈心理健康》，山东人民出版社，2015。

熊艳：《浅议新时代领导干部积极心理的培育》，《青春岁月》2019 年第 9 期。

徐培基、胡朝兵：《领导干部心理问题实例解析、调适与自测》，中共中央党校出版社，2011。

叶兴艺：《领导干部压力缓解与心理健康调适》，研究出版社，2010。

于伟：《税务干部的心理疏导技术与应用》，东北财经大学出版社，2018。

张念慈：《领导干部心理健康状况分析及对策研究》，《智库时代》2020 年第 13 期。

张松：《心理咨询与治疗》，武汉大学出版社，2016。

张勇：《心理健康与和谐关系的本质联系研究》，合肥工业大学出版社，2018。

赵红艳：《领导干部团队心理训练理论与实务》，人民出版社，2016。

后　记

当前中国正处于社会转型期，由于工作、责任、竞争、人际关系等方面的原因，公务员承受着来自各方面不同程度的压力，可能引发诸多的心理问题。为使公务员以更好的心理状态迎接新时期的挑战，更好地为人民服务，为党的事业和国家的发展做出更大的贡献，对公务员开展心理健康和情绪管理教育具有十分重要的意义。

全书共七章。第一章为绪论，主要阐述了领导及领导者、心理健康的标准、公务员心理素质的要求等内容；第二章为公务员的心理压力，主要阐述了公务员心理压力的理论基础、公务员心理压力的具体表现、公务员心理压力的成因等内容；第三章为公务员的心理健康，主要阐述了公务员心理健康及其重要性、影响公务员心理健康的因素、公务员常见的心理健康问题、公务员心理健康状况的自测等内容；第四章为公务员的自我认知，主要阐述了自我意识与自我认知、公务员的认知重构、公务员人格魅力塑造等内容；第五章为公务员的情绪管理，主要阐述了情绪与健康、公务员情绪管理的意义、公务员不良情绪的自我调适、公务员积极情绪的培养等内容；第六章为公务员心理问题的调适，主要阐述了面对心理压力的自我调适、面对心理失衡的自我调适、面对心理挫折的自我调适等内容；第七章为公务员心理健康水平的提升，主要阐述了公务员心理健康的基本要求、公务员心理障碍的防治方法、公务员心理健康水平提升的策略等内容。

为了确保研究内容的丰富性和多样性，笔者在写作过程中参考了大量理论与研究文献，在此向涉及的专家学者表示衷心的感谢。特别要感谢广东石油化工学院大学生心理发展指导中心两城校区分中心的张小梨老师及其团队为本书编著和校对付出的努力。更要说明的是本书所有章节内容都是由张小梨老师执笔撰写。

最后，限于笔者水平，加之时间仓促，本书难免存在一些疏漏，在此，恳请同行专家和读者朋友批评指正！

编者

2022 年 7 月

图书在版编目（CIP）数据

公务员心理建设与责任担当 / 中共深圳市委党校编著. -- 北京：社会科学文献出版社，2024.6
ISBN 978-7-5228-1666-1

Ⅰ. ①公… Ⅱ. ①中… Ⅲ. ①领导人员-心理保健 Ⅳ. ①C933

中国国家版本馆 CIP 数据核字(2024)第 075501 号

公务员心理建设与责任担当

编　　著 / 中共深圳市委党校

出 版 人 / 冀祥德
责任编辑 / 丁　凡
责任印制 / 王京美

出　　版 / 社会科学文献出版社 · 生态文明分社（010）59367143
　　　　　地址：北京市北三环中路甲 29 号院华龙大厦　邮编：100029
　　　　　网址：www.ssap.com.cn
发　　行 / 社会科学文献出版社（010）59367028
印　　装 / 三河市东方印刷有限公司

规　　格 / 开　本：787mm × 1092mm　1/16
　　　　　印　张：14.75　字　数：216 千字
版　　次 / 2024 年 6 月第 1 版　2024 年 6 月第 1 次印刷
书　　号 / ISBN 978-7-5228-1666-1
定　　价 / 88.00 元

读者服务电话：4008918866